近代人文社會科學譯著（第二輯）

熊月之 主編

論理學通義

林可培 編譯

上海科學技術文獻出版社

图书在版编目（CIP）数据

论理学通义 / 熊月之主编．—上海：上海科学技术文献出版社，2023
（近代人文社会科学译著．第二辑）
ISBN 978-7-5439-8772-2

Ⅰ．①论… Ⅱ．①熊… Ⅲ．①哲学—研究 Ⅳ．①B0

中国国家版本馆 CIP 数据核字（2023）第 034849 号

策划编辑：张 树
责任编辑：王 珺
封面设计：徐 利

论理学通义
LUNLIXUETONGYI
熊月之 主编
出版发行：上海科学技术文献出版社
地　　址：上海市长乐路 746 号
邮政编码：200040
经　　销：全国新华书店
印　　刷：商务印书馆上海印刷有限公司
开　　本：889mm×1194mm 1/32
印　　张：9.75
版　　次：2023 年 3 月第 1 版 2023 年 3 月第 1 次印刷
书　　号：ISBN 978-7-5439-8772-2
定　　价：98.00 元
http://www.sstlp.com

近代人文社會科學譯著（1807—1919）序言

熊月之

一

人文社會科學，包含人文學科與社會科學兩類。〔一〕

〔一〕人文學科之所以稱『學科』而不稱『科學』，因爲通常所説的科學（science），主要指以物爲研究對象、可以通過實驗進行驗证的自然科學，而人文學科則以人爲研究對象，具有個別、私人、主觀性質，無法驗证。自然科學與人文學科處於比較的兩端，差异較大，而社會科學與自然科學之間，差异較小，且在取向、知識生産模式、研究方法等方面，較爲接近。人文學科與自然科學的區别，也表現在分析和解釋方向：自然科學從多樣性、特殊性、復雜性、偶然性走向統一性、一致性、簡單性和必然性；相反，人文學科則突出獨特性、意外性、復雜性和創造性。它們屬於不同的思維能力，使用不同的概念、不同的語言形式進行表達。自然科學是理性的産物，使用事實、規律、原因等概念，並通過客觀語言溝通信息；人文學科是想象的産物，使用現象與實在、命運與自由意志等概念。所以稱『學科』而不稱『科學』，更爲突出人文學科的特質。參見《簡明不列顛百科全書》（第6卷），北京：中國大百科全書出版社，1986年，第761頁；李醒民《知識的三大部類：自然科學、社會科學和人文學科》，《學術界》2012年第8期。

學科分類在不同歷史時期、不同語境下並不相同，標準、方法也見仁見智。近代以來，學術界逐漸傾向於將人類知識分爲三大部類，即自然科學、社會科學與人文學科。自然科學以自然即客觀的物質世界作爲研究對象，包括數學、物理學、化學、天文學、地學（地理學、地質學、氣象學）與生物學等；社會科學以人類社會作爲研究對象，涵蓋經濟學、政治學、法學、社會學、行政學、教育學、倫理學等；人文學科以人爲研究對象，探尋人的生存及其意義、人的價值及其實現，涉及語言學、文學、歷史學、哲學、藝術等。

本書選輯起止時間爲1807—1919年。

衆所周知，中國近代史的起止時間，亦即中國近代史的研究對象，是從1840—1949年，因爲這百餘年的中國，是相對完整的近代形態，是一個完整的歷史時期。但是，近代西方人文社會科學在中國翻譯、傳播的歷史，與中國近代歷史的進程並不完全同步。

首先，起步更早。1807年，基督教新教傳教士、英國人馬禮遜來到澳門，然後進入廣州，拉開新一輪西學傳播序幕。稍後英國傳教士米憐、德國傳教士郭實臘等，絡繹東來。他們在馬六甲、新加坡、巴達維亞等地，開學校，辦印刷所，在當地華僑中傳播西學。他們所出版的涉及人文社會科學知識的書籍雖然不很多，但這些西學知識，與鴉片戰爭以後傳入中國的西學知識屬於統一整體，也是後者之先聲。

其次，心態轉變也早。近代中國讀書人、思想界對於以歐美爲中心的西方人文社會科學，有個從仰視到平視的轉變過程，其轉折點便是第一次世界大戰。1914—1918年，發生在帝國主義國家之間的世界大戰，有三十多個國家、15億人口卷入，傷亡人員三千萬，經濟損失難計其數。這一殘酷現實，讓中國讀書人、思想界明白，西方科學並不萬能，人類社會的演變，並不總是沿着進步的方向直綫上昇。巴黎和會上西方列强對於中國主權的無視與陵鑠，更讓中國人明白，世界上並不存在什麼平等對待弱者的『公理』。這種世界性的倒退與不公，促使東西方有識之士更加深刻地思考人類的未來，更加理性地思考東西方文化的價值。此後，西方人文社會科學在中國讀書人、思想界那裏，盡管仍然是最爲重要的文化資源之一，但已從至高無上的峰頂跌落下來，成爲與東方文化等量齊觀的一端。

這是本書將下限斷爲1919年的主要原因。

二

在介紹近代西方人文社會科學在中國傳播之前，有必要先回溯一下明末清初那段時間這方面的情況。

明末清初，利瑪竇、艾儒略、南懷仁等耶穌會傳教士編寫、或與徐光啓、李之藻、楊廷筠等人合譯的一批西學書籍，其中有十多部較多涉及人文社會科學内容，如《西國記法》(1595)、《職方外紀》(1623)、《西學凡》(1623)、《靈言蠡勺》(1624)、《西儒耳目資》(1625)、《治平西學》(約1629)、《修身西學》(1630)、《名理探》(1631)、《童幼教育》(1632)、《西方問答》(1637)、《齊家西學》(崇禎年間)、《坤輿全圖》與《坤輿圖説》(1674)、《窮理學》(1683)等，這些書對歐洲的哲學、政治學、經濟學、教育學、文學、歷史學、地理學等方面的知識有所介紹。

比如，傅汎際和李之藻合譯《名理探》，介紹了『愛知學』即哲學的含義。南懷仁編《窮理學》，介紹邏輯學的功用，稱窮理學『爲百學之宗』，爲『訂非之磨勘，試真之礪石，萬藝之司衡，靈界之日光，明悟之眼目，義理之啓鑰，爲諸學之首需者也。』[一]高一志著《治平西學》，爲最早漢譯西方政治學著作，分別從王公、群臣、兆民的行爲準則，説明何者爲宜、何者應戒，還介紹了世界上的三種政體形式：『一曰一人且王之政；二曰數人且賢之政；三曰衆人且民之政是也。』[二]艾儒略譯《職方外紀》，對歐洲教育制度包括學制、課程設置、考試方式均有所介紹。高一志著《修身西學》，述及西方倫理學知識，包括修身目的、修身憑藉與修身方法，主旨在於指明人類通過修德以確保自身行動的善，從而獲得美好，達到幸福境界。天啓年間出版的《况義》，是《伊索寓言》在中國傳播的第一個譯本。

明末清初西方人文社會科學在中國的傳播，傳播主體是利瑪竇等傳教士，中國學者徐光啓等參與譯述潤色，所傳內容從總體上説，比較零碎，不成系統，所譯編成書籍印數較少，傳播範圍較小，很多內容只是在少量學者中流傳。但是，他們所傳許多知識，開啓了近代西學東漸的先河，如地圓説、五大洲説、腦主記憶説；所創譯的諸多名詞，也被近代沿用，如亞細亞、歐羅巴、大西洋、地中海、自鳴鐘、天主等。他們以『理學』翻譯哲學，一度被近代學者沿用。

〔一〕南懷仁：《進呈窮理學書奏》，徐宗澤：《明清間耶穌會士譯著提要》第192頁，中華書局，1989年。

〔二〕高一志：《治平西學》，載黄興濤、王國榮編《明清之際西學文本》第2册，中華書局，2013年，第614頁。

三

近代西方人文社會科學在中國翻譯、傳播的歷史，可以分爲五個階段，即1807—1842年、1843—1860年、1861—1900年、1901—1911年、1912—1919年。

第一階段，從1807年至1842年。

17世紀末18世紀初，因宗教禮儀問題，在清朝政府與羅馬教廷之間、中國耶穌會與羅馬教廷之間、耶穌會與其他天主教會之間，出現嚴重分歧。羅馬教廷要求在華天主教徒不得祭祖、不得拜孔。康熙皇帝表示，中國祭祖敬孔，不過是一種崇敬的禮節，並無宗教性質，如果來華西人，不能像利瑪竇那樣對祭祖敬孔持尊重態度，斷不準在中國居留、傳教。雙方交涉多次，不得要領。1717年（康熙五十六年），康熙皇帝下令禁止天主教在華活動。此後，天主教在華再次步入低谷。雍正、干隆等朝，又相繼頒佈禁止天主教的命令。1773年（干隆三十八年），因宗教内部紛争，羅馬教廷下令解散耶穌會，兩年後命令傳到中國，耶穌會正式解散。至此，自晚明開始在中國活動二百年的耶穌會，終於告一段落。西學傳播的細流亦因此截斷。

1807年，英國基督新教傳教士馬禮遜，受倫敦會委派，從英國經美國輾轉來到澳門，進入廣州，以後在廣州、澳門及南洋各地，進行傳教與西學傳播活動。稍後，英國傳教士米憐、楊威廉，美國傳教士粦爲仁、雅裨理、裨治文，德國傳教士郭實臘等，絡繹東來。他們在馬六甲、新加坡、巴達維亞等地，開學校，辦印刷所，出版《聖經》等宗教讀物，也在當地華僑中傳播西學。所出版的涉及人文社會科學方面的書籍有十來種，包括《生意公平聚益法》（1818）、《西游地球聞見略傳》（1819）、《地理便童略傳》（1819）、《東西史記和合》（1829）、《大英國統志》（1834）、《美理哥合省國志略》（1838）、《古今萬國綱鑒》（1838）、《萬國地理全集》（1838）、《制國之用大略》（1839）、《貿易通誌》（1840），所出版刊物《察世俗每月統記傳》（1815—1821）》《特選撮要每月紀傳》（1823—1826）》《東西洋考每月統記傳》（1833—1838）》，都含有豐富的西方經濟學、歷史學、地理學知識。

比如，《生意公平聚益法》，介紹人們相互之間進行貿易應該遵循的基本法則，《地理便童略傳》對世界主要地區與國家均有介紹，對英國、美國政治制度、司法制度介紹較爲具體。《古今萬國綱鑒》，凡244頁，分20冊，是鴉片戰爭以前介紹世界歷史知識最爲詳盡的一部書。《貿易通誌》較爲翔實地介紹了西方的商業制度，魏源在《海國圖志》中，對許多國家的貿易、商業的介紹資料採自此書。《大英國統志》《美理哥合省國志略》分別翔實地介紹了英國、美國的國情。

再如，《察世俗每月統記傳》所載《論有羅巴列國》《論亞西亞列國》《論亞非利加列國》《論亞默利加列國》《法蘭西國作變復平略傳》等文，介紹歐洲、亞洲、美洲等地地理、歷史知識，介紹了法國的歷史。還在1821年，便介紹了剛剛立國45年的美國，稱其面積寬大，盛產各物，港口衆多，人口增加很快，且有智有力，預料其日後必爲美洲最大國家。〔一〕《東西洋考每月統記傳》所載《通商》《貿易》《公班衙》等文，

〔一〕《論亞默利加列國》，《察世俗每月統記傳》卷七，道光元年。

介紹西方通商理論，認爲通商貿易對商人、人民、國家都有好處，强調通商貿易要篤實誠信，不可食言行騙。

鴉片戰争以前，中國還没有被英國打敗過，中西關係還比較平等，傳教士在介紹西方情況時，心態還不是那麽傲慢，所以，行文常用對話體，以中國人習慣的説書形式出現。爲了迎合中文讀者心理，作者論述問題，每每先引一段中國古代聖賢的語録或故事，然後進行中西比較，説明東方西方，心同理同。這種表達方式，類似於明末清初耶穌會士，而不同於鴉片戰争以後傳教士那種居高臨下姿態。

第二階段，從 1843 年至 1860 年，即五口通商時期。

在 1840 年至 1842 年的中英鴉片戰争中，清朝政府戰敗，被迫與英、美、法等國簽訂不平等的《南京條約》、《望厦條約》和《黄埔條約》，被迫割讓香港給英國，開放廣州、福州、厦門、寧波、上海作爲通商口岸，允許外國人在這些口岸傳播宗教、開設學堂、開辦醫院。於是，傳教士便將活動基地從南洋遷到中國東南沿海，開始了晚清西學傳播史上的新階段。這一階段，通商口岸成爲傳播基地。此前，傳教士的活動局限於南洋一帶，西學書刊雖亦能傳至中國大陸，其所辦學校中也有華人，但畢竟水路迢迢，對中國内地影響有限。五口通商後，麥都思、雅裨理、慕維廉、艾約瑟等傳教士以這些地方爲基地，辦學校，出書刊，進行各種西學傳播活動，東南沿海遂成中國率先接受西學影響的地區。傳教士所出版《聯邦志略》（1846）、《格物窮理問答》（1851）、《地理全志》（1853）、《大英國志》（1856）、《地球説略》（1856）、《地理略論》（1859）等書籍，《中西通書》（1853—1860，年鑒）、《遐邇貫珍》（1853—1855）、《六合叢談》（1857—

1858）等雜誌，包括豐富的歷史學、地理學、經濟學知識，也有一些哲學、文學知識。

比如，《遐邇貫珍》所載《花旗國政治制度》一文，不但介紹了美國的總統選舉制、立法、司法、行政、聯邦及各州之組織，還將英、美政治制度作了比較，認爲各有利弊。再如，慕維廉譯編的《大英國志》與《地理全志》，都是超過三百多頁的大書，前者翔實地介紹了當時世界上最强大的帝國英國的歷史與現實，後者比較宏觀地介紹了世界地理知識。

這一時段，傳教士忙於在通商五口進行傳教活動，出版宗教讀物繁多，所出人文社會科學書籍較少，十來種而已，但是這些書刊在中國士紳中還是産生了比較廣泛而重要的影響。魏源編《海國圖志》，廣泛徵引了《地球圖説》等西書；徐繼畬撰《瀛寰志略》，直接得益於雅裨理等人的西書資料；王韜、管嗣復參加了一些西書與雜誌的譯編，受到這些知識的深刻影響。王韜日後出版《西學輯存六種》，頗得益於他在墨海書館協助偉烈亞力等人的西學熏陶，管嗣復則將其西學知識轉述給其老師馮桂芬，促成馮桂芬名著《校邠廬抗議》的誕生。《聯邦志略》《地理全志》《地球説略》等書還傳到了日本，並有日譯本行世。

第三階段，1860年至1900年。

1856年至1860年，英國、法國在美國、俄國等支持下，發動了侵略中國的第二次鴉片戰爭。中國再次慘敗。侵略者逼迫清朝政府先後簽訂了《天津條約》(1858)、《北京條約》(1860)等一系列不平等條約。通過這些條約，外國侵略者從中國勒索了大筆戰爭賠款，取得了一系列侵略特權。其中，與西學傳播密切相關的有：一、增開11個通商口岸，即天津、牛莊、登州、臺南、潮州、瓊州、鎮江、南京、九江、漢口、淡水。後來實際開埠時，牛莊改爲營口，登州改爲煙臺，潮州改爲汕頭。條約規定，外國人可以在這些通商口岸居住、賃房、買屋、租地起造禮拜堂、醫院、墳塋等。二、傳教自由。三、外國人可到中國內地各處遊歷、通商，中國政府應提供方便。四、開放長江。這樣，加上先前割讓的香港，開放的五口，中國被迫對外開放的城市達17個。外國人可以在南起廣州、厦門，中經上海、煙臺，北至天津、營口，東起上海、南京，沿江西上，直到中國內地，這樣廣闊的範圍裏自由活動。其結果，加强了西方列强對中國的政治侵略、經濟掠奪，也便利了他們對中國的文化滲透。

在清政府方面，以咸豐皇帝去世、辛酉政變發生、慈禧太后掌權爲轉折點，中國對外對內政策有了重大調整。總理各國事務衙門的設立，京師同文館、上海廣學會的創辦，以學習西方堅船利砲、聲光化電爲重要內容的洋務運動的開展，江南製造局等機構的設立，中國向歐洲、美洲與日本等地駐外使臣的派出，聖約翰大學等衆多教會學校的創辦，都對西學傳播産生了重要影響。1894年發生的中日甲午戰爭，中國再次慘敗，激起變法思潮高漲，維新運動發生，更推動了西學傳播的高漲。

這一階段，譯介西學方面，有兩支力量同時發力，即清政府官辦機構與教會機構，前者以京師同文館、江南製造局翻譯館爲其著者，後者以設在上海的以基督新教傳教士爲主的廣學會最爲突出，天主教耶穌會設立的土山灣印書館也貢獻甚多。

這一階段，所出版的人文社會科學譯著，數量較前大爲增多，約130種，超過以往約三百年所出同類書籍總數。內容也更加厚實系統，有適應瞭解國際形勢與外國情況需要的《萬國公法》(1864)、《歐洲史略》(1886)、《希臘志略》(1886)、《羅馬志略》(1886)、《四裔編年表》(1874)、《萬國史記》(1880)、《法國律例》(1880)、《萬國通鑒》(1882)、《八星之一總論》(1892)、《各國交涉公法論》(1898)、《歐羅巴通史》(1900)等；有介紹外交常識的《星軺指掌》(1876)、《公法便覽》(1877)、《公法會通》(1880)；有介紹西方歷史、哲學、經濟學基礎知識的《佐治芻言》(1885)、《西學略述》(1886)、《辨學啓蒙》(1886)、《富國養民策》(1886)、《地球一百名人傳》(1898)；有適應變法需要、介紹外國變法的書籍《自西徂東》(1884)、《列國變通興盛記》(1894)、《泰西新史攬要》(1895)、《文學興國策》(1896)；有爲變法運動提供理論支撑的《天演論》(1898)、《民約通義》(1898)；有爲教育變革提供學術資源的《西國學校》(1873)、《肄業要覽》(1882)、《七國新學備要》(1888)、《教育學綱要》(1899)；有合哲學與心理學爲一體的《心靈學》(1889)、《治心免病法》(1896)。《格致匯編》刊載傅蘭雅所作的《混沌説》(1877)，概略地叙述了當時中國還不大有人瞭解的生物進化論觀點。廣學會出版的李提摩太翻譯的《百年一覺》(1894)，原爲美國空想社會主義小説，影響極廣。同爲廣學會出版的《大同學》(1899)，第一次向中國人介紹了馬克思及其學説。

第四階段，1901年至1911年。

1898年的戊戌政變，1900年的八國聯軍侵略中國之役，使清朝政府的威信跌到最低點，中國國際、國內形勢均發生巨大變化。一方面，愛國人士、知識分子失望到極點，革命風潮因之而生，留日熱潮驟然而起。另一方面，清政府實行新政，鼓勵工商，廢除科舉，改革學制，繼而宣佈預備立憲。這兩方面都亟需西學（新學）資源。在這兩方面因素的共同作用下，西方人文社會科學在中國的傳播，呈井噴之勢，從内容到方式、從數量到質量都有巨大變化。

此前，西學知識主要由翻譯英、法等西書而來。1900年以後，由日本轉口輸入西學數量急劇增長，日本成爲西學輸入主要來源地。從1900年到1911年，中國通過日文、英文、法文共譯各種西書至少有1599種[一]，遠遠超過此前90年中國譯書的總數。從1902年至1904年，共譯西書533種，其中日文書籍達321種，占總數的60%。

在繁多的中譯西書中，人文社會科學比重加大。以1902年到1904年爲例，三年共譯文學、歷史、哲學、經濟、法學、政治學等人文社會科學書籍327種，占譯書總數的61%。同期翻譯自然科學書籍112種，應用科學56種，分别只占譯書總量的21%和11%。[二]所占比重從多到少的順序爲人文社會科學→自然科學→應用科學，與之前幾十年的情形正好相反。京師大學堂從1898年到1911年翻譯、出版西學教科書有六十餘部一百多册，其中人文社會科學類占62%。[三]這表明當時西學輸入的重心，已從器物技藝等物質文化層面轉到思想、學術等精神文化層面。

〔一〕見拙著：《西學東漸與晚清社會》（修訂本），中國人民大學出版社，2011年，第11頁。

〔二〕以上數據均見拙著：《西學東漸與晚清社會》（修訂本），第11頁。

〔三〕範軍：《歲月書痕》，華中師範大學出版社，2017年，第165頁。

就内容而言，這一階段所譯人文社會科學書籍，舉凡哲學、文學、歷史、經濟、法學、政治學等各學科，都有頗成規模的系統譯作。

哲學方面，概論性譯作就有9部，如井上圓了著、羅伯雅譯《哲學要領》（1902），德國科培爾著、下田次郎述、蔡元培譯《哲學要領》（1903），井上圓了著、王學來譯《哲學原理》（1903）；邏輯學譯作18部，如楊蔭杭譯《名學》（1902），清野勉著、林祖同《論理學達恉》（1902），十時彌著、田吴炤譯《論理學綱要》（1902）、嚴復譯《穆勒名學》（1905），大西祝著，胡茂如譯《論理學》（1906），英國耶方斯著、王國維譯《辨學》（1908），法國孟德福著、李問漁譯《名理學》（1908）。其他哲學著作（含哲學家介紹、各國哲學、哲學史）9部，如蟹江義丸著、範迪吉等譯《西洋哲學史》（1903）、姉崎正治著、範迪吉等譯《宗教哲學》，井上圓了著、蔡元培譯《妖怪學講義録（總論）》（1906）；心理學譯作21部，如元良勇次郎著、王國維譯《心理學》（1902），長尾楨太郎著、蔣維喬譯《心理學》（1906）等；倫理學譯作10部，如元良勇次郎著、麥鼎華譯《倫理學》（1902）、德國泡爾生著、蔡元培譯《倫理學原理》（1909）；教育學46部，如立花銑三郎述、王國維譯《教育學》（1901），能勢榮著、葉瀚譯《泰西教育史》（1901）。清末一度流行哲學救國論，一批學者認爲救國應先救其人，救人應先救其心，救心應先救其學，而救學則應從譯介西方哲學始。因此，舉凡古希臘、羅馬哲學，西方近代哲學，以及重要哲學家生平及其學說，幾乎無一不被譯介。

文學作品翻譯更是繁盛一時，内以小説最多。據研究，從1901—1911年，中國共翻譯域外小説547

部，散文集22部，戲劇1種〔一〕。對英、美、法、俄、德、日、荷蘭、奧地利、瑞士、希臘等國文學作品均有翻譯，內以英、法、日三國最多。英國的莎士比亞、笛福、斯威夫特、哈葛德、柯南道爾、司各特、哈代、拜倫、狄更斯、斯蒂文森等，法國的小仲馬、雨果、大仲馬、朱力士、迦爾威尼，美國的斯土活夫人、布萊特夫人等人作品都有翻譯。譯自英國的，僅林紓就與人合譯哈葛德《迦因小傳》和《鬼山狼俠傳》等20種，柯南道爾《歇洛克奇案開場》等7種，司各特《撒克遜劫後英雄略》等3種，斯蒂文森《新天方夜譚》等。同是柯南道爾作品，就有周桂笙、林紓和魏易、陳家麟、包天笑等人投入翻譯。譯自法國的有，林紓與他人合譯的《巴黎茶花女遺事》《賂史》，薛紹徽譯的《八十日環遊記》，包天笑譯的《鐵世界》，朱樹人譯的《穡者傳》和《冶工軼事》，陳春生譯的《獄中花》，梁啓超等譯的《十五小豪杰》，魯迅翻譯的凡爾納小說《月界旅行》。從1899年到1911年，從日本翻譯過來的小說有55種，其中1907年就翻譯了11部，內有《佳人奇遇》《經國美談》《謀色圖財記》《美人島》《世界一周》等。〔二〕

歷史學方面，比較重要的有102部，其中通史14部，如作新社出版的《萬國歷史》(1902)、支那翻譯會社的《萬國史綱》(1903)、杭州史學齋的《萬國史要》(1903)、上海通社的《世界通史》(1903)、山西

〔一〕鄧集田：《中國現代文學的出版平臺——晚清民國時期文學出版情況統計與分析(1902—1949)》，華東師範大學博士論文，2009年，第502—512頁。

〔二〕汪帥東：《晚清日本文學翻譯研究》，《當代外語教育》，2018年，第2輯。

大學堂譯書院的《邁爾通史》（1905）、江楚編譯官書局的《萬國史略》（1906）。其中英國李思倫白著、蔡爾康等譯編的《萬國通史》，規模最爲宏大，凡30卷，相繼於1900、1904、1905年由廣學會出版。地區史、國別史52部，如東亞譯書會《歐羅巴通史》（1900）、金粟齋《西洋史要》（1901）、商務印書館《亞美利加洲通史》（1902）、文明書局的《泰西通史》（1903）等，還有英、美、德、法、日等國歷史。變政史、維新史、獨立史17部，如作新社的《英國維新史》（1903）、文明書局的《佛國革命戰史》（1903）、商務印書館的《美國獨立戰史》（1911），還有關於意大利、菲律賓、希臘、印度等國獨立或變革史。其他專史5部，如開明書店的《近世海戰史》（1903）、文明書局的《世界女權發達史》。人物傳記14部，包括華盛頓、拿破侖、彼得大帝、俾斯麥等個人傳記，還有世界名人、歐洲政治學家、日本維新志士等合傳。

政治學方面，比較重要的譯編有29部，其中政治學概論性的譯作，有高田早苗講述、嵇鏡譯《國家學原理》（1901），德國伯倫知理原著、梁啓超譯《國家學綱領》（1902），德國那特硜著、馮自由譯的《政治學》（1902）、戢翼翬等譯《那特硜政治學》（1901），市島謙吉著、麥曼蓀譯《政治原論》（1902），美國伯蓋司著、楊廷棟譯《政治學》（1904年以前）；政治學理論譯作有英國斯賓塞著作、楊廷棟譯《原政》（1902），法國盧梭著、楊廷棟譯《路索民約論》（1902），浮田龢民著、出洋學生編輯所譯《帝國主義》（1902），西川光次郎著，周子高譯《社會黨》（1902），馬君武譯《彌勒約翰自由原理》（1903），幸德秋水著、中國達識社譯《社會主義神髓》（1903），村井知至著、侯士綰譯《社會主義》（1903），加藤弘之著、陳尚素譯《人權新説》（1903），福井準造著、趙必振譯《近世社會主義》（1903），英國甄克思著、嚴復譯《社會通詮》（1904）

等。介紹各國政治態勢的有《萬國政治叢考》《最新萬國政鑒》《最新萬國政治制度》《萬國國力比較》《歐美政教紀原》《十九世紀末世界之政治》《美國民政考》等。

經濟學方面，1901年至1911年出版譯作23部。其中，嚴復翻譯的《原富》出版，是西方經濟學經典著作首次完整譯出。1902年，《欽定學堂章程》規定，今後學制三年的高等學堂政科，必須設立『理財學』即經濟學課程，這促進了西方經濟學説引進與傳播。此後，楊廷棟編《理財學教科書》、天野爲之著《理財學綱要》、商務印書館出版的田尻稻次郎著《理財學精義》，均列爲中小學理財學教材。1906年至1908年，政治經濟社等機構出版了《公債論》《租税論》《紙幣論》《貨幣論》《財政學》《計學》《比較財政學》等多種屬於經濟學分支的著作。

法學方面，這一階段譯作特多。從1901年至1911年，共譯法學書籍263種[一]，是晚清社會科學中譯書最多的學科。1902年，清廷命沈家本等遴選諳習中西律例司員分任纂輯，延聘東西各國精通法律之博士、律師以備顧問，復調取留學外國卒業生從事翻譯。於是，清政府有計劃地翻譯大量法律書籍。民間譯書機構或出於社會需求，或出於牟利目的，也翻譯了大批法學書籍。從國際公法、國際私法，民法、刑法、民事訴訟法、刑事訴訟法、行政法，應有盡有。不但一般性的介紹法學原理、法學流派、國際法的著作都有介紹，而且各種具體法規法制，如警察學、監獄學，也很豐富。有的同一種著作有多種譯本，

[一] 田濤、李祝環：《清末翻譯外國法學書籍評述》，《中外法學》，2000年，第3期。

單1903年，《國際私法》就有4種譯本，《國法學》有5種譯本，《法學通論》有6種譯本。1904年至1909年，清政府爲適應法律改革需要，由修定法律館主持審定，翻譯了一大批刑法、民法方面的書籍，包括德國、法國、美國、意大利、日本等國刑法、民法多方面具體法規。1906年以後，中國地方自治聲浪日高，與地方自治相關的自治法規、地方性法規書籍翻譯頗多，諸如《地方自治論》《英國地方政治》《歐洲大陸市政論》《日本府縣制郡制要義》，與地方自治相關的警察書籍翻譯尤多，諸如《最近警察法教科書》《德國警察法》《警察全書》《警察學》《偵探學》。這些書主要自日文譯出，法律也以日本爲多。這一時期引進日本法律最爲全面的一部書籍，即《新譯日本法規大全》，由張元濟、劉崇杰等翻譯，内容相當廣泛，對清末法制改良有着重大影響。

第五階段，1912—1919年。

隨着清廷覆滅，中華民國建立，政治建設、法制建設、公民道德建設等任務提到人們面前，這些方面的譯介著作也隨之增多。與政治建設、法制建設有關的譯作主要有：同是英國莫安仁著、許家惺譯的《英國立憲鑒》(1912)、《英議院權力發達史》(1912)，英國布賴斯著、孟昭常譯《平民政治》(1912)，美國麥萊著、陳其鹿譯的《美國民主政治大綱》(1912)，美國約翰·温澤爾著、楊錦森、張萃農譯的《美法英德四國憲法比較》(1913)，日本田中萃一郎著、畢厚譯《歐美政黨政治》(1913)，美國黎卡克著、梁同譯的《政府論》(1914)、法國路易·普羅爾著、高仲和譯的《政治辨惑論》(1914)，日本齋藤隆夫著、姚大中譯的《比較國會論》(1917)。東方法學會譯編法律要覽叢書多種，由泰東書局出版，包括《民法要覽》《民事訴訟法要覽》《商法要覽》《刑法要覽》等，影響廣泛。

有關公民道德建設的譯作甚多，諸如《國民道德談》(1915)、《道德之研究》(1915)、《品性論》(1916)《泰西改良社會策六章》(1917)、《新道德論》等。其中，英國著名道德學家斯邁爾斯(S. Smiles，1812–1904)多種著作被多次翻譯，包括《勤儉論》(1914)、《克己論》(1915)、《職分論》(1917)，葉農生、蔣方震、秦同培等均參與譯事。第一次世界大戰爆發以後，有一批與戰爭有關的譯作問世，如《德意志戰論》《開戰時之德意志》《美國總統威爾遜參戰演説》《革命心理》《國際同盟論》。

這一階段，馬克思主義、無政府主義書籍的譯介也有一些，包括1912年施仁榮翻譯恩格斯的《理想社會主義與實行社會主義》，是馬克思主義經典文本在中國早期傳播較爲完整的譯本，是恩格斯的著作《社會主義從空想到科學的發展》在中國的第一次譯介。1919年凌霜翻譯克羅泡特金的《近世科學與無政府主義》。

這一階段，所譯哲學、史學著作，均遠較清末爲少，但文學翻譯勢頭依然很猛。1912年至1919年，共翻譯域外小説250部，散文集35部，戲劇3部[一]，涉及英、法、美、俄、德、日、西班牙、奥地利、瑞士、波蘭、比利時、丹麥等國作家，内以英、法作家所占比例爲高，英、法主要作家被譯作品與清末

[一] 鄧集田：《中國現代文學的出版平臺—晚清民國時期文學出版情況統計與分析(1902—1949)》，華東師範大學博士論文，2009年，第512—519頁。

有延續性，如英國哈葛德、柯南道爾、狄更斯，法國大仲馬、雨果等，增加較多的是美國作家華特生等人的作品，俄國托爾斯泰等人作品也陸續翻譯進來。

以上五個階段，就對中國社會影響而言，每一階段都不能忽略，各有各的影響。但綜合而言，以清末這一階段的影響，最爲廣泛而深入。數以百計的出版機構，數以千計的中譯日書，數以萬計的留日人員，難計其數的雜誌、報紙，將形形色色的西方新學轉口輸入中國。範圍之廣，數量之多，來勢之猛，是此前歷史階段也是民國初年所不可比擬的。這一階段，正是中國廢科舉、興學校的教育體制轉型期，難計其數的各門各科的新式教科書，大多是這一階段編寫的，藍本多取自日本，多取自這一階段的譯書。各門各科的辭典大量引進、編寫，無形中起着規範語言的作用。

四

近代中國被動卷入全球化浪潮之中，遭遇千古未有之變局。在此以前，中國雖然早已與外族有了關係，但那些外族都是文化較低的民族，縱使他們入主中原，到頭來也終歸爲以儒學爲核心的中國文化所化。在中國接觸的世界裏，中國以老大自居，他國也以老大尊之。但是，到了近代，情況大不一樣。中國面對的英國、美國、法國等，絶非先前的夷狄可比。這些對手，既陌生又强大，突兀而來，猝不及防。中國生産方式、生活方式、價值觀念、審美情趣、教育體系、學術體系、語言詞彙，乃至風俗習慣，無不發生深刻的變化。人文社會科學譯著，既是這一歷史變局的産物與證物，也是這一變局的助推器。

以語言詞彙而言，中國今天所用各類新詞彙，大多形成於近代。人文社會科學方面的新名詞，諸如社會、政黨、民族、階級、主義、範疇、系統、規範、唯物、唯心、主體、客體、法學、法庭、民法、刑法、金融、銀行、生產力、生產關係，都是近代出現的，而且大多是從日本移植而來。日常生活所用諸多新詞彙，也主要形成於近代。比如，以『化』字結尾的複合詞，特殊化、現代化、民族化、大衆化、自動化；以『式』字結尾的複合詞，速成式、問答式、簡易式、西洋式；以『炎』字結尾的病名，關節炎、氣管炎、腦炎、肺炎、胃炎、腸炎；以『性』字結尾的複合詞，可能性、現實性、必然性、偶然性、必要性、習慣性；以『界』字結尾的複合詞，文學界、思想界、藝術界、新聞界、出版界；以『感』字結尾的複合詞，美感、好感、惡感、情感、敏感；以『點』字結尾的複合詞，觀點、要點、焦點、重點、出發點；以『觀』字結尾的複合詞，悲觀、樂觀、人生觀、科學觀、世界觀、宇宙觀；以『論』字結尾的複合詞，一元論、宿命論、無神論、唯物論、唯心論；以『法』字結尾的複合詞，辯證法、歸納法、演繹法、綜合法、分析法。還有以『作用』『問題』『時代』『社會』『主義』『階級』等詞結尾的複合詞，心理作用、精神作用、土地問題、社會問題、舊石器時代、新石器時代、奴隸社會、封建社會、人文主義、社會主義、地主階級、農民階級。如此等等，不一而足。

新名詞如此，學科分類亦如此。以『學』字結尾的學科名，財政學、經濟學、生物學、物理學、心理學、家政學、社會學、冶金學，也都在清末定型。

近代譯介的人文社會科學，不但影響了當時的中國社會，而且業已廣泛融入中華文化傳統當中，幾乎無處不在、無時不在地體現於我們的物質文化、制度文化與觀念文化之中，體現於我們的日常生活當中。倘若不信，你且撇開此類新思想、新觀念、新學術、新詞語，寫一篇文章或者講幾句話試試！

鑒此，我們選編了這套《近代人文社會科學譯著選輯》，選擇不同歷史階段較有影響的譯著，分爲五輯，分類如下：1、人文社會科學總論與政治學；2、哲學、邏輯學、倫理學、心理學、教育學；3、歷史學、地理學、社會學、禮俗；4、法學、經濟學；5、文學、藝術、人物傳記。

鑒於嚴復所譯學術名著、林紓所譯文學著作已有多種刊本行世，本書不再收録。

《近代人文社會科學譯著》第二輯第三册説明

本册收録《論理學通義》，林可培編譯，中國圖書公司，1909年出版。

林可培（1868—1914），字澤九，號友蘭，江蘇崇明人（今上海市崇明區）。肄業於瀛洲書院，爲張謇弟子，1886年中秀才。1894年中舉。1904年經張謇推薦，赴日本留學，入日本宏文師範，回國後應崇明知縣魏詩銓之邀，主持學務公所，創辦師範傳習所，自任國文、算術教習。1906年任教於崇明城内尚志女學，1909年任太倉州屬中學堂監督。歷任江蘇省教育總會幹事員、江蘇省咨議局議員、江蘇省臨時議會議員。他對於教育問題頗多研究，曾發表《學校教育採用實用主義之商榷書》，對教育問題提出自己的看法，認爲學校教育採用實用主義方針，優點有八，缺點有六〔一〕。1914年因患肺癆病逝。〔二〕

論理學（Logic），即邏輯學〔三〕。林可培在日本留學期間，聆聽過日本教員講授邏輯。此書是他以日本今福忍之《論理學要義》、北澤定吉之《論理學講義》、渡邊又次郎之《論理學》爲主，大西祝之《論理學》

〔一〕林可培：《學校教育採用實用主義之商榷書》，《時事新報（上海）》，1913年12月5日、6日連載。

〔二〕徐兵：《張謇與崇明》，海門市張謇研究會網頁：http：//zhangjianyanjiu.org。

〔三〕參見本輯第二册説明。

及十時彌之《論理學綱要》爲輔，再參考講師高島平三郎之所口授編輯而成。《時報》《神州日報》均於1909年刊登廣告，介紹此書：

崇明林可培君，曾親炙日本大哲學家高島平三郎，研究論理學有年，因薈萃衆説之精蘊，折中解決，編成是書。立説務求平易，行文力避艱深，並多用教育材料，以資應用，頗饒興味，誠爲師範及中等以上學堂適用之教科書。〔一〕

全書除緒論外，分爲純粹論理學與應用論理學兩部分。緒論介紹了各種論理學的定義。書中解釋科學、思想、形式、理法、規範等概念，用以明確論理學之定義。緒論介紹了論理學與哲學、倫理學、心理學、言語學之關係，介紹了論理學之要素。第一篇概論，先介紹思想之本質，認爲自發性、客觀性、必然性與普通性均爲思想之本質。繼而講述思想之原理，包括同一律、矛盾律、不容間位律（即拒中律）及充足原理，最後簡介思想之要素形式，即概念、斷定、推理等思維形式及與語言之關係等。第二篇各論，分别介紹概念、斷定、推理。關於概念的種類，除了一般書中均提到的單稱名辭、通稱名辭，積極名辭、消極名辭、缺損名辭、具體名辭與抽象名辭以外，還有一語名辭與數語名辭。

《論理學通義》是作者對於多本邏輯學著作兼收並蓄的結果，其特點一是比較全面，既不偏重演繹，也不偏重歸納。二是重視應用論理學，書中單列『應用論理學』一篇，用兩章篇幅加以介紹。三是比較重

〔一〕《倫理學通義》，《時報》1909年8月1日，第1版。

視思維規律，將其放在第一篇純粹論理學的開頭詳加介紹，强調任何正確的思維所必須遵守的法則都有根據於思考原理，明確地揭示了思維規律與概念、判斷、推理的各種規則之間這種規定與被規定的關係。此書的問世，反映了中國學術界對於譯述西方邏輯學，由各憑興趣、多元並進，發展到並流整合的趨勢。

論理學通義

林可培 編譯

論理學通義

中國圖書公司編輯印行

論理學通義

中國圖書公司編輯印行

論理學通義編輯大意

凡論理學多主理論。本書兼重應用方面。薈萃衆說之精蘊。而解其糾紛。故名論理學通義。

本書編輯時應用之參考書。以日本今福忍之論理學要義、北澤定吉之論理學講義、渡邊又次郎之論理學爲主。大西祝之論理學及十時彌之論理學綱要爲輔。再參講師高島平三郎先生之所口授。其文辭之詳略。悉準理解之難易。爲師範及高等以上學堂中教員學生適用之教科書。

日本論理學中之各種名詞。彼此歧異。本書會而通之。擇其與漢文字義相眞切者爲主。餘皆附括於下。冀便觀者之融化。

本書論式中所用資料。多主教育一方面。其他各種。亦皆以類採擇。要於辭意顯豁。證明論式中之本義而止。

論理學通義　編輯大意

最新論理學通義目次

論理學通義　目次　十

論理學通義

第一章　緒論

第一節　論理學之概念

甲　論理學之名稱　論理學之語源。遠出於希臘。所謂思想及言語是也。其後言人人殊。或以爲推論之學。或以爲思想及思考之學。或以爲悟性之學。或以爲認識之學。蓋皆據論理學之對象言之。或以爲思想法則及思想形式之學。或以爲認識形式之學。或以爲探求眞理之法則之學。或以爲軌範之學。蓋皆就論理學之性質言之。惟悟性主能力方面。思考主作用方面。思想主成果方面。均之與語源一致。推論生於思想。思想由於認識。亦均之與語源一貫。故認識形式之學。即爲思想形式之學。有形式斯有法則。有法則斯能探求眞理。夫然後可謂之規範。今括從前之名稱。別爲定義如下。

乙　論理學之定義　論理學者。攻究正當思想的形式理法之軌範學也。

一　科學　學以廣知識知識有直接間接之別直接知識謂外界之一事物爲視聽嗅味觸五官所感覺而即得結果者間接知識謂事物經五官感覺後更施思想作用而始得結果者凡知識以直接爲初步至結果時又當以此一知識與他一知識相比較構成系統秩然之知識全體

科學知識之異於通俗知識者通俗知識如「鯨非魚類」「雨爲水蒸氣之凝結」云云所論非不正確惟叢雜無次難於構成系統若科學知識則組織既有秩序復以完全之定義與條理通於其全體而整列明確之理法所以可貴

論理學或主張爲科學或主張爲技術曩亦多所爭論其主張爲技術者蓋就實際上直接指導便宜之規則及手段言之其主張爲科學者蓋就目的上推求正當思想之一般理法言之今已斷定爲科學惟或以原理原則之研究而指爲知識教科或以原理原則之應用而指爲技術教科立說仍歧爲二實則正確之科學即所以成應用於實際之技術而技術亦必出以正確之科學知識始得發達完全故論理學含有此兩

方面其注重知識者謂之形式(理論)論理學其兼重技術而指導理論者謂之應用論理學

二　思想　思想有能力作用成果三方面故以廣義言之凡知覺、感情、意思皆可謂之思想以狹義言之則主以明確之定例推求眞理故謂之正當思想

三　形式　形式與資料關係頗爲密切如物體然其大小、長短、方圓、爲形式其或金、或蠟、或紙即資料也然同一宮室其爲石爲土爲草木往往隨人隨地而異故資料爲事物偶然之特性其有壁有戶有覆宇則所在皆同故形式爲事物必然之本質論理學之判斷類以一主一賓之兩觀念組織而成若宮室之戶壁覆宇大概無所變更故爲思想必然之本質蓋所謂思想之形式是也惟形式與資料非絕對區別而實相對別區故形式與非形式之爭論絕尠而形式中之意義則異議滋多如康德(Kant, 1724—1804)(海爾巴脫顯露柏羅多)(Herbart, 1776—1841)等則以論理學峻別於本體論而純然爲形式說脫林特倫婆羅(Trendelenburg, 1802—1872)則趨

重資料。以求思考形式之法則。至瓦夫（Woeff, 1679—1754）則反對中世以降之極端形式說。謂學者當先究論理學。然後及於本體論與心理學。以證論理學之原理。蓋結合論理學與哲學。欲從資料方面。定思想之法則。故黑智爾（Hegel, 1770—1831）從之。迄於近世。形式資料。益相互接近矣。 要之科學之目的。不在特殊事實。而在普通原理。普通原理。即思想之形式。特殊事實。即論理之資料。以其爲思想所運用。藉以求客觀上實存之眞理。故亦爲思想之形式。必欲歧而二之。固矣。茲舉例如左。

甲爲丙
乙爲甲
乙爲丙
} 形式（其數其類。皆有限而一定不變。）

聖人爲百世之師
孔子爲聖人
故孔子爲百世之師
} 資料（任舉一事物。皆可用同類之思考與形式推求眞理。）

四　理法　謂一切事物因以完全成立之眞理也。

五　規範　規範與法則亦爲相對的區別。當科學知識之未得也。必先多方觀察。蒐集各種事物而著錄之。於是乎有記載學。記載學時代規範與法則混而爲一。迨知識進步。發見事物間所存之理法。若物理學之於物質運動。化學之於物體分子間。天文學之於天體進化。從自然法則中表出必然法則。於是乎記載學遂變爲說明學。說明學時代。規範與法則分類。科學亦因之分類。其專就事實上說明必然之法則者謂之論證學。如心理學據思考活動變化之因果。指證其必然現象是已。其因目的與手段之關係。而說明事實。以示當然之規範者。謂之規範學。如論理學標準於正確思考而指導其所當遵守之規律是已。　規範學一稱標準學。其最著者凡三科。即倫理學、美學及論理學是也。倫理學以善爲研究對象而示用意之軌範。美學以美爲研究對象。而示用情之軌範。若論理學則以眞爲研究對象而示用知之軌範。

第二節　論理學與諸學之關係

甲　論理學與哲學之關係　凡學之類有二。據分科之事實（現象）明其生存變化之原因。而發見一定之理法者。謂之科學。統合各科學之一切原理。而發見實在及認識之原理。以爲宇宙之根本原理者。謂之哲學。哲學之類亦有二。一曰本體論。蓋綜合各科學所得之結果。因發見實在之原理。而論定實在之本質者。故爲形而上之學。一曰認識論。蓋闡明認識之根本原理者。若論理學則攷究思考之規範的法則。從舊知識增進新知識。由一知識。交換他知識。與各科學同爲現象之學。而表示其共通形式。故假定思考現象之存在。與知識現象之正確。至窮存在之根源。與正確之究竟。不能不有待於哲學。要之論理學位於哲學及各科學之中間。其形式之條件。共通於各科學。其思考之確實性。須立證於認識論所論證者。蓋關係如此。茲立表如左。

學
- 現象之學即科學
  - 科學
  - 論理學

根本原理之學即哲學——認識論、本體論即形而上學

乙　論理學與倫理學心理學之關係　倫理學、心理學、爲精神科學。論理學與之有特殊關係。雖前者關於意。後者關於知。研究各有主題。要皆爲研究當然法則之規範科學。至其於心理學。則研究之對象同爲心之現象。關係更自親密。雖心理學研究智情意之全部。論理學主在思考研究。智之一部。其分量稍有差別。而要點固無以異也故學者稱心理學爲精神現象之期成原因。倫理學爲人類行爲之結局原因。而論理學爲思考之形式原因云。

丙　論理學與言語學之關係　論理學以表示思考形式。採取言語之終局意義。至其完全精確。求得實際之便利。則爲言語學之任務。而於此極有關係者。

第三節　論理學之區分

論理學爲思想之學。故先述思想之本質及原理。而察知其意義。然思想之活動。具有

概念斷定推理三作用而其發表於言語文章也則爲名辭命題論式故復畫分三類以示思考之普通形式此原想之本質原理與夫普通形式俱爲論理學之要素故謂之要素論以論理學之要素發見之叙述之然後未得之智識幾於採集增進已得之智識并能整理統一故次以方法論要素論專主理論故謂之純粹論理學方法論兼求實際故謂之應用論理學此區分之大畧也

純粹論理學　要素論

第一篇　概論

第一章　思想

第一節　思想之本質

甲　思想之起原　精神（心）作用中以感覺爲根本活動如淸香、赤色由外界刺擊而印之於心此即事物認識之第一步因香與色集合之感覺而認識其爲薔薇是曰知覺因既得之感覺及知覺或逾時復現其原形或引其端緒任意作爲新觀念是曰記憶及想像因感覺、知覺、記憶、想像所得之觀念（表象）總謂之意識內容以二箇以上之意識內容相比較認知其異同之所在例如見一攝影想像而斷定其爲某人之肖像是曰判斷又如目覩三物一係毛質而能書一係炭質而能書一係鋼質而能書雖其長其粗各有特色然能書實即三物之通性因總括爲筆之觀念是曰概念至概念更爲意識內容則以種種之觀念作種種之判斷推及於未經驗之境域而得間接知識是曰推論此判斷、概念推論之三作用皆以認識作用中之思考總括之而屬於知之範圍者也　他如花卉之鮮妍目覩之而生快親友之死亡耳聞之而生悲橫逆之紛乘躬遇之而生憤皆情之作用爲之講求師範而以將來之大教育家厚自期許研究法理而以後此之大政治家深相屬望皆意之作用爲之要之、知與情爲精神之受動方面意爲精神之發動方面思考作用雖屬於知然三者實爲相互關係不過從精神作用中所占優勢之方面爲知情之異稱而已

乙　思想之本質

一　自發性

凡感覺、知覺、記憶、想像等各觀念總謂之經驗內容（意識內容）此不過將箇箇寫象存之於心而已未可云思考也思考須識別經驗內容之相互關係然與觀念聯合（聯想作用）有別觀念聯合有接近類似二種接近聯合如有同時並起之「筆」與「紙」二觀念既想及紙更聯而至筆是也類似聯合例如有「虎」與「豹」

之二箇類似觀念既想及虎更聯而至豹是皆意識上偶然結合被動而非自發動者若思考則以目的爲意識具有選擇作用之活動識別紛起雜陳之無數觀念（經驗內容）既以比較彼此辨別異同而分析之並察知其相互間之內部關係而綜括之遂得最後之結果如有喇叭之聲吹入耳中此惟覺官有所感觸設心意爲之反射即將聲之觀念內容先行分析後乃總括爲喇叭或更解釋而悟其意味判斷爲進軍之喇叭則皆自發性使然也

二　客觀性　心理學上所云之觀念僅指精神活動之狀態言之純乎主觀性質故嘗隨人隨時隨遇而變動不絕若論理學上所云之觀念則離其經驗之主擺脫一切主觀之狀態而純爲客觀性質蓋所謂表象內容也思考活動對之而有所表見則終始一律保持之無復變亂例如有一「大教育家」無端而發現於腦中者此謂主觀觀念乃忽焉聯想及於「大實業家」復聯想及於「大政治家」則各隨其人之素慮而變動不絕若外來而接觸於目中者此爲客觀觀念彼其秉性之如何善良操行之如

何高尚績學之如何精深奉職之如何勤奮教育目的之如何純正教授方法之如何美備一一表現於思考活動之中始終無他觀念攙入而變亂之是即其不同之點也。

三　必然性　人有理智即有思考有思考即不能任意左右其斷案是因不可動之論理的確證而遂有其必然性也。必然性有屬於心理者其所思考或因時時之精神狀態或因生來之品性或因外界之刺擊使然故心理的（主觀的）必然性實應箇人主觀之狀態變動而無定若論理的（客觀的）必然性則原因於思考對象之內容不可以意爲變動如因電掣而豫想雷震因溜急而推知谿漲皆有必然關係者此所以爲論理思考之特質也茲分解如左。

（一）內部必然性　因思考內容或資料上含有既然之關係能自明眞理無待他思考活動之媒介而始確實者故又稱直接確實性如云「全體」則自必大於部分云「黃金」則自必貴於鉛錫矣。

（二）外部必然性　蓋豫想他思考活動之內容取其眞理爲媒介而始能確實

者故又稱間接確實性　此兩部必然性亦謂之條件必然性言必然性之條件惟此二者而已要之論理思考之有必然性也不僅屬於直觀而兼屬於箇箇經驗之結果蓋事物非經驗經驗非組織則眞理無所取求而知識統制之全態亦將動搖而無定相矣

四　普通性　普通性對特殊性而言普通性爲思考之原則特殊性爲思考之副則凡人同此理智之性苟其所思考者如「二加二爲四」「父母爲生我之人」等斷案確實無誤通諸人人而皆以爲實然是即所謂普通性也有此普通性故能以同化作用統覺作用比較結合兩箇以上之分離觀念而得眞僞之別

第二節　思想之原理

凡外界之事物（現象）雖云雜多然其間俱有秩序調和統一之法則如物理的現象能以一定理法統一爲固有之系統化學的現象亦能以一定理法統一爲固有之系統迨舉各系統而統一之最後即爲宇宙萬有之一大系統乃知雜多統一之原理實

爲思考之根本原理　凡正當之思考根據於法則正當思考之法則有二種其一即根本的性質而應用於普通之範圍者謂之原則其二即枝葉的性質而應用於特殊之範圍者謂之副則而要皆根據於思考原理茲分類如下

第一原理（同一之原理即同一律）　同一非無差別之謂乃即有差別而仍有契合點以資判斷之謂亦非無變化之謂乃即有變化而自循一定法則之謂蓋實思考之至高原理也今舉兩義如下

（一）絕對同一　蓋由兩觀念之連續或再生而能施肯定的斷定以結合之者此原理可以「甲爲甲」之形式表之亦可以「人爲人」之實例證之

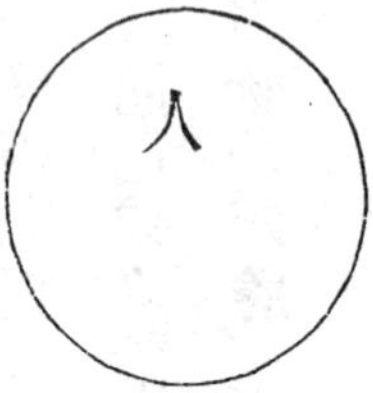

如第一圖所示人之概念範圍全體同一更無幾微大小之差別故爲絕對同一或稱一致原理又謂之齊合原理實即一切肯定的斷定之基礎

（二）相對同一　蓋由觀念內容之部分同一而能施肯

定的斷定之結合者。此原理可以「甲爲乙」之形式表之。亦可以「人爲動物」之實例證之。

如第二圖所示。動物概念之內容包有一切自能運動之物。而人不過占其一部。故爲相對同一。或稱部分同一。　據此則甲常爲甲。或甲常爲乙。可以斷無疑義矣。其或因是而有非甲非乙之轉變。則思考將動搖而不定。故復有第二原理制定之。

第二原理（矛盾之原理即矛盾律）　蓋綜括雜多事物而爲一切否定的斷定之基礎者。此原理可以「甲非非甲」或「甲非非乙」表之。

如第三圖所示。動物與非動物、兩概念顯形反對。孰眞孰僞。於何取決。然思考要在確實。尤在保持統一。故概念結合所以表示其恒久性。斷定結合所以表示其內容之固定性。恒久性固定性即前所謂普通性也夫既斷定其爲動物又斷定其爲非動物則眞僞混淆搆想無統一作用是恒久性固定性胥失而思考之型態將以破壞所以既爲動物同時不能爲非動物必一方肯定一方否定其否定如「動物非非動物」云云則二重之否定仍所以肯定其爲動物也　要之第一原理所以示積極思考之特質第二原理所以示消極思考之特質然第二原理實比照第一原理而生出者故能互相補助使意識反以明瞭要其底蘊在廢棄否定而保持肯定仍不失積極主義已耳至肯定與否定兩箇斷定之間尚有不容他斷定介立者此第三原理之所由來也

第三原理（不容間位律即拒中律）　蓋就兩箇矛盾概念中不能同時否定亦不能同時肯定必從一方之僞（或眞）以求他方之眞（或僞）使否定（或肯定）之意義愈益明確者此原理可以「甲爲乙耶否則非乙」或「甲爲乙耶非乙耶兩者必居其一」或「甲爲乙耶抑非乙也」等形式示之亦可以「蝙蝠爲鳥類耶否則非非鳥類」或「蝙蝠爲鳥類耶非鳥類耶兩者必居其一」或「蝙蝠爲鳥類耶抑非鳥類也」等實例

證之乃知二箇矛盾概念之內容不能同時共僞及共眞必就鳥類非鳥類詳加思考苟認知鳥類爲僞則非鳥類之斷定必眞或認知非鳥類爲僞則鳥類之斷定必眞此原理蓋從第一第二原理合成然亦否定的思考之活動益以發展而顯其差別性也

以上三原理蓋表思考活動本質之綜括分析差別的狀態者總稱之則曰同異原理以其能規定事物之同異關係而知識藉以統制故也至欲確立知識之全態則尚有第四原理在

第四原理（理由之原理即充足原理） 理由即論理之根據此原理（一）明示必然性之本質如云「農業興則國富」則國富之理由尙未充足以近世概以工商裕國故也若云「實業興則國富」則思考眞證據確而必然性之本質見矣（二）爲知識全態成立之根據蓋一切搆想各因一定之他搆想（理由）確切生起而於此受歸結焉迨歸結後之搆想更與他搆想互相關聯再行歸結始成知識全態是故欲圖歸結必先據理由例如「蘇省鐵路得大利」之一搆想其確證全在「公司用積極主義」及「貨客

乘載繁盛」等理由若爲歸結之約制即得「公司用積極主義故蘇省鐵路得大利」云云此所以爲知識全態成立之根據也(三)求得正確知識時寓有進行發展之機例如「昨夜有雨」之一搆想其理由在「土地之溼」或「溪水之漲」之正確知識既有此正確知識更搆想雨量之大小是謂思想進行並搆想水陸交通之有無阻礙是謂思想發展動機云者蓋在將欲搆想之會也　要之同異原理僅就思考之同一與差異處言之而其關聯結合之如何尚未之及故以是終焉

以上諸原理均爲知識之形式的要件惟形式須據資料而後得其確切關聯之所在以成知識全態故復舉資料的要件凡二(一)爲自然齊一律(二)爲因果律自然齊一律含有二義其一謂一切自然現象(事物)之生起存在類能秩序整然永保其現有之統一性狀故思考對象之一事物能與他事物相識別而規定其相互關係縱或有所轉變然思考即於其轉變處捉摸之而識別其內容使關係不至於紊亂其二謂一切事物雖轉變無極然其自然同一之情狀仍寓於其中故能取同式之定相察其轉變

之所由來以成知識蓋思考活動之形式所以究得之故大致不外乎此因果律謂自然現象因果關係之原理蓋科學知識之基礎也惟現象當前欲明其生起存在之故須用因果律欲定其生起存在之眞實與否須用自然齊一律故資料要件中此二律之相待與形式要件中同異原理與充足原理之相待無以異也惟理由與原因要自區別蓋原因爲實在之根據所以規定實際上結果之所在者如前例「公司用積極主義」云云此爲實在之根據即原因也其結果則「蘇省鐵路得大利」是已理由爲認識之根據所以確立一定之搆想由結果而推得原因者如「蘇省鐵路得大利」云云此爲認識之根據即結果也其原因則「公司用積極主義」是已

第三節　思想之要素形式

思想之活動具有概念斷定推理三作用故其活動之成果具有概念斷定推理三要素形式以前所述之思想本質參合之概念所以表客觀性斷定所以表自發性推理所以表必然性三者合成科學知識之全態則所以表普通性也

念作用者合比較象概括而成即由較而辨別其異同抽象而除去其同以總合其同之以新成一觀念之作用也

斷定者結合二概念或念以表明其有無干之謂而所謂結合有表明二概念有係與二概念無干之二法

甲　概念　思考之連結雜多表象也有出於同時者有出於繼起者同時之連結作用在融合兩箇以上之觀念別成一總括觀念其融合之法必舉要素觀念之最有顯勢者代表全體餘皆隨保其固有之關係然後總括觀念因而構成如「美人」之總括觀念蓋合「美」與「人」之兩箇要素觀念而成者又如「黃金」之總括觀念其成分有「黃色」「金屬性光澤」「打展性」等要素觀念而「黃色」最占顯勢實與「金屬性光澤」「打展性」同爲總括觀念之內容即所謂概念是也其總括作用亦謂之概念作用

乙　斷定　蓋兩概念之繼起連結而得成果者惟概念作用中祇有一箇顯勢觀念斷定作用中則有兩箇顯勢之總括觀念故皆自保地位而不能融化然既經連結即可分解其內容而明示關係之所在如云「人爲動物」蓋連結「人」與「動物」之二概念（總括觀念）而成者此二概念雖不能全相融合然將「人」概念之內容分解之實有「生物」「自由運動」等成分與動物關係親密故可綜合爲「人爲動物」之一斷定斷定作用一爲概念內容之規定一爲概念構成之基礎其爲概念內容之規定者

如云「鯨爲獸類」鯨爲已知之項其概念內容與未知之獸有關係故以「獸類」概念肯定於「鯨」概念中而結合之此卽規定之一法也或云「蝙蝠非鳥類」蝙蝠爲已知之項其概念內容與未知之「鳥類」無關係故以「鳥類」概念否定於「蝙蝠」概念中而分離之此卽規定之又一法也至云「鯨者獸類非魚類也」則以一概念與他概念相比較思考其眞者而結合之復思考其僞者而分離之此卽規定之總前二法也故斷定亦可謂概念之結合形式與分離形式其爲概念搆成之基礎者先將概念之內部關係辨別異同而確定其相合與否如見一壯大之馬此時所得者惟知覺觀念已耳然思考卽因此而動以「壯大」爲「馬」之特殊內容故注意而分析綜合之至終乃得「此馬壯大」之斷定則概念立定可與「不壯大之馬」劃然有所識別此卽搆成之一法也又如「鐵」之一概念乃集合「感磁性」「可鍛性」「生銹性」「黏硬性」「金屬性光澤」等各斷定而得之者此卽搆成之又一法也要之概念係潛伏者或以爲未發展之斷定斷定係顯著者或以爲已發展之概念其理則一而已矣

丙 推理 由一斷定或數斷定而求達於最後之他斷定是爲推理作用其作用所得之成果則曰推理蓋斷定乃概念之結合及分離形式其正否既可爲他斷定之立證并可據他斷定爲立證如因「薔薇者花也」之斷定而推及於「或花爲薔薇」與「凡無花者非薔薇」此蓋以既知關係之概念而示結合及分離形式者或因「聖人不語怪異」及「孔子爲聖人」之二斷定而推及於「孔子不語怪異」此又據既知關係之媒助概念（聖人）而認識未知之概念間關係以表其結合形式者故推理可謂概念之間結合及間接分離形式亦可謂斷定之間接立證形式

第三章 言語

第一節 思想表出之方法

思想存在各人之心中其表而出之於外界須用種種之方法如頤指如顰蹙如以手作勢如以目送情如以足蹴人皆可爲思想傳達之記號而其最確實最精密最便利者惟言語而已

第二節　言語之形式

言語分口說筆記二種其形式則隨思想之概念判斷推論而異茲詳論如下

甲　名辭（概念之表出）　概念爲思考之成果與對象其以言語表出之則成名辭名辭有簡單者如「人」「馬」「花」等是有複雜者如「熱心愛國之人」「冀北名馬」「試驗場中新蒔之花」等是

乙　命題（判斷之表出）　兩名辭間所含之結合及分離形式再以言語表出之即成命題如「人爲動物」之命題所以表出「人」與「動物」兩名辭之結合形式者如「人非木偶」之命題所以表出「人」與「木偶」兩名辭之分離形式者　故命題者即連結兩名辭而明其干系之文句也

丙　論式（推論之表出）　由一命題或數命題而推及他命題其間爲正當之結合者此等言語即謂之論式蓋思想中之推論藉以表出矣　者也所謂正當之結合者例如左

凡江蘇人為中國人為亞細亞人
江蘇浙江人為中國人
故浙江人為亞細亞人

第三節　言語之効用

甲　思想之傳達　言語既爲思想之記號則人類之思想彼此可以互相傳達其傳

論理學通義

達愈有効力者即此言語之功否則過矣論理學所以使傳達之言語有功無過者也

乙　思想之記錄　思想以文字記錄之即爲有形無聲之言語可以郵之遠方遺之後世蓋其効用如此

第二篇　各論

第四章　概念及名辭

第一節　名辭之解釋

甲　名辭之意義　一因箇物直接之印象而爲實體的意義如一犬在前印象入腦我即呼之爲犬是也一因衆物共通之屬性或間接之觀念而爲論理的意義如見一羣之犬黃者白者大者小者各不相同今據其共通之屬性呼之爲犬或記憶思考至於異時成一間接觀念我仍呼之爲犬是也凡名辭之有論理的意義者即爲概念

乙　名辭與言語之關係　名辭即名稱語如前述「人」「馬」「花」等言語從一方觀之則爲概念之記號從他方觀之則爲事物之名稱他若「彼」「此」「爾」「我」等代名辭要

第一類分類 ｛ 數語名詞

皆代表名稱語者。故亦得爲名辭。此外復分數種如左（如此是花之類曰是也要之言語之可為名詞略如分二種）

一　副用語　（一曰自用語亦曰自用名詞　即某名辭獨立不藉他詞之助而能成名詞者也例如）如「從上海寄至北京之家書」云云此一名辭蓋合多數言語而搆成者。其間「上海」「北京」「家書」爲獨用語。餘皆副用語（皆自。也凡文法上之名詞代名詞形容詞副詞此屬皆屬此）

二　感歎詞　（二曰副用語亦曰副用名詞　即某語不能獨立以成名詞必與他詞結合方能成一名詞者也即上例之從字之字自足）如嗚呼嘻吁等詞。可用爲名稱語者是

三　動詞　如飛鳥之飛。走獸之走。在言語中均爲動詞。茲連鳥獸用之。則亦變爲名辭矣。

第二節　名辭之區分

甲　區分之種類　以最新最妥之見解區分五種。爲一切名辭之包括。茲詳述如左。

一　一語名辭與數語名辭　一語名辭。即名辭之以一字搆成者。如「人」「時」「地」等是。數語名辭。即名辭之以數字集成者。如「勤施國民教育之人」「國家將被瓜分之時」「祖宗所傳之土地」等是。

二　單稱（箇別）名辭與通稱（普通）名辭　單稱名辭。（即）與各箇名辭同義。蓋名辭

之適用於一事物者如「諸葛武侯」「揚子江」等是通稱名辭與集合名辭同義蓋適用於一部屬之事物者如「人」「河」「國家」「森林」「議院」等是

三　積極名辭與消極名辭及缺損名辭　積極名辭蓋表或屬性之具有而存在者如「白」「君子」等是消極名辭則與此相反如「非白」「非君子」等是至缺損名辭則表或屬性之昔時具有而今時不存在者如「聾者」「盲者」昔有聰明而今無之是也

四　具體名辭與抽象名辭　具體名辭一稱具象名辭蓋表一全體之獨立完成者如「學校」「時計」「鴉片戰役」等是抽象名辭蓋表屬性之抽出於事物（一全體）中者如「色」「形」「筆頭之銳」等是

五　相對名辭與絕對名辭　相對名辭蓋表一名辭與他名辭有對待意義者如「父」與「子」相對待「原因」與「結果」相對待「施教育者」與「被教育者」相對待是絕對名辭蓋表一事物之絕然無所對待者如「松」「金剛石」「太陽系」等是惟以嚴

格論之此「松」與「金剛石」者必豫想「非松」「非金剛石」等物類而後此名辭以有所區別而存立故絕對名辭亦稱非相對名辭

乙　區分之餘論

六　一義名辭及數義名辭　一義名辭蓋成於言語之祇有一義者如「人」「電信」「蘇杭甬鐵路」等是數義名辭蓋成於言語之兼有數義者如「晉」之一名辭或爲朝或爲國「唐」之一名辭或爲朝或爲國或爲姓是此於言語上雖爲一種之區分然名辭當以一意表示一概念決不可含有多義故論理學者遇此往往改用他名辭以求明確

七　內包名辭與非內包名辭　學者多以內包名辭爲名辭之有內包（中含事物）而兼有外延（中含屬性）者非內包名辭爲名辭之惟有外延者內包名辭例如「動物」一方既能範圍「人」「禽」「獸」「蟲」「魚」等實物一方又能含「生物」「自由運動」等屬性是非內包名辭凡分二種一爲固有名辭例如「王陽明」「上海」等人名地

名但爲無意義之記號並不見有屬性含蓄者一爲抽象名辭其單稱者如「此花之色」「正方形」云云不過指示單一之屬性若通稱者如「色」「形」「數」「量」等表明事物之共有屬性即得爲內包名辭蓋從前之常解如此不知名辭皆有內包其謂人名地名但爲無意義之記號者此由名辭與言語混同或徒見名辭之一面使然實則人名地名既成一名辭即係一種事物之指示與一種概念之表見安在其無內包也至謂單稱之抽象名辭祇示一箇最簡之屬性者所見亦淺即以「正方形」論其間尚含「等邊」「等角」「四直線圍成之平面式」等屬性此外更不待言要之一切名辭俱有內包外延二方面學者惟以嚴格解之可已

八　反對名辭與矛盾名辭　反對名辭如「賢」與「愚」「大」與「小」「長」與「短」之類矛盾名辭如「動物」與「非動物」「戰爭」與「非戰爭」之類

第三節　概念之性質

思考之資料由單純而至於複雜故知識形成之概念亦由單純而至於複雜惟其發

達之程度。始雖空漠。後必漸次明確。乃能使概念完全。玆述其本質如左。

甲　常定性　論理以完成確固之概念爲第一目的。概念確固。要在常定性。然知識增進。則新概念以次而生。故實際上復有變易性。其所以不爲矛盾者。因常定性屬於概念之理想形式故也。例如「甲」常爲「甲」。從「甲」之內容添加「乙」。則變爲「甲乙」新概念。猶「人」常爲「人」。從「人」之內容添加「仁」。則變爲「仁人」之新概念。惟「仁」概念雖加。而「人」概念自在。新與舊兩相固定。則理想形式仍寓於實際形式中爾。

乙　明瞭性　既有常定性矣。然求概念之完全。又須具明瞭與分晰兩性。明瞭者。曖昧之反對也。有此性質。則概念既自正確。復能與他概念畫然識別。例如羣動物在前。翼者即知爲鳥。鱗者即知爲魚。四足而陸行者。即知爲獸。此之謂明瞭概念。至知識進步。鯨能辨其非魚類。蝙蝠能辨其非鳥類。則曖昧者可變爲明瞭。迨進步之至。生物學者。能將最下等生活體。或定爲動物。或定爲植物。則明瞭概念益多。從前學術上之諸種爭論與誤解。庶幾息絕矣。

丙　分晰性　分晰為糾紛之反對得此則概念益臻於完全蓋明瞭性僅能為概念與概念之識別分晰性則將概念中之各部分愈加精審如識別友人於家中此為明瞭至舉友人之儀行性能一一識別之則為分晰惟其程度之高下（一）視各屬性（部分）規定之精密與否（二）視所規定者為偶有性與特有性之別（三）視各屬性相互之關係能確知整理與否要之分晰有在概念之內包者亦有在概念之外延者如「白」與「馬」兩屬性為「白馬」概念之內包惟其分晰故概念所含蓄之資料能施抽象作用又如「白馬」概念為「白」與「馬」兩概念之外延惟其分晰故兩屬性所結合之範圍能成具體形式也

第四節　概念之根本形式

概念為總括觀念之內容其成立也要有三方面茲詳述如下

甲　對象（事物或客體）　蓋思考所對之客象括為一全態而有自立之形相者故又稱對象概念簡言之亦曰概念如名辭然亦分實體與論理兩義其屬於論理者為

純粹概念其屬於實體或兼屬於論理者爲經驗概念要因思考之所捉摸而各得比較與規定者也。

一　經驗對象　分兩種

(一)　實體的經驗對象　如「人」「馬」「木」「石」之類。

(二)　論理的經驗對象　如有甲乙丙三物體感覺於目即成印象以此印象分晰之抽出其共通之性質謂之抽象再加特有之性質而施總括觀念則經驗概念(一對象)成立矣茲爲圖說如下。

甲　第一次分析
- 方一寸之方形……第一次分析……方形
- 深紅……第二次分析……紅
- 共

乙　第一次分析
- 直徑一寸五寸之球……第二次分析……球
- 共

如圖。紅爲甲乙兩概念之共通屬性。方形爲甲丙兩概念之共通屬性蓋經兩次分析而抽

丙　第一次分析
- 淡紅……第二次分析……紅 ┐通
- 方五寸之方形……第二次分析……方形 ┘通
- 純白……第二次分析……白

得之者。然苟濾施總括。作爲紅方形概念。則甲概念中之紅觀念。與乙概念中之「紅」觀念相混。甲概念中之方形觀念。與丙概念中之「方形」觀念相混。是「甲」物體因無所比較而失於不精確。惟以「深」與「方一寸」之特有性質。添加之總括爲「深紅方一寸方形」之概念。則「甲」物體乃精確不移經驗對象。遂規定而成立矣。

二　純粹對象　分類如下

(一)直觀對象　如數目、時間、及幾何學之圖形皆是。

(二)信仰對象　如鬼神仙佛及怪異之類。

(三)思索對象　如原子、元素之類。

(四)一切對象　如强弱、大小、喜怒等狀詞、動詞。及虛無之幻想皆是。

乙　屬性（徵表）　屬性謂對象概念中所屬之性質故稱屬性概念屬性苟有幾種則於對象概念中各占一部分故又謂部分概念凡欲規定對象概念之內容當以經驗或想像細別其所含之性質活動狀態（即文法上以動字狀字等爲代表者）幷悉其各部分相互相依存之關係而豫備總括作用如樹爲對象概念根幹枝葉即其各部分然葉之於枝枝之於幹幹之於根要皆相互相依存者是也茲舉類如左

一　偶有（外部或附屬）屬性　如樹爲對象概念凡葉之青黃枝之拳曲皆爲偶有屬性當規定內容時可一切廢棄之以其於概念之搆成無甚影響故也

二　共通屬性　如「生長」「繁殖」等屬性草與木皆共有之者是也

三　特有（內部或本質）屬性　特有屬性之異於偶有屬性者以其適應於概念搆成之目的故也如「動物」爲一概念「隨意運動」即其特有屬性而「生長」「繁殖」則與「植物」共通者故以「動物」概念與「植物」概念相比較必得此「隨意運動」之特有屬性而後「動物」概念之成立乃不至於曖昧所以特有屬性一稱必須屬性亦

稱構成屬性蓋實區別概念之標準已

丙　關係　據前所述屬性爲對象概念中之部分概念而有相互相依存之關係此關係在文法上主以接續詞等代表之至論理學則須以明瞭分晰之各部分處理而連結之以定關係形式故爲概念比較之基準

第五節　概念之內包及外延

凡概念之立定非僅限於一箇對象及一箇屬性而已亦有通於幾多對象而表示之備具幾多屬性而包含之者故其適用處實該外延與內包兩方面

甲　內包及外延之定義

一　內包（內容）　內包謂一概念所含諸屬性之全態也如甲概念中含有乙丙丁等諸屬性各能分晰思考又能於他概念明瞭識別故乙丙丁等諸屬性之全態即爲甲概念之內包證以實例則「動物」概念中之「隨意運動」「生物」二屬性既不自相糾紛又不與植物概念相曖昧故其全態即爲「動物」之內包至內包之種與類要素

可因其屬性而區別之如「色」爲類要素則黃白黑等爲種種潛形爲類要素則類概念成類概念顯勢爲種則種概念成其詳俟下文述之

二　外延　外延謂概念所適用於諸對象之範圍也蓋對象即諸屬性之全態就多數對象取其同式而可以共通者括爲總體而範圍之則用之適當遂成概念之外延例如「有脊動物」與「無脊動物」兩對象各具「生物」「物」等諸屬性之全態於隨意運動之形式爲同一於「生物」「物」之諸屬性爲共通故舉「有脊動物」與「無脊動物」兩對象範圍之即爲「動物」概念之外延

乙　內包與外延之規定

一　限定作用　蓋以適應之特有屬性附加於共通屬性中使類要素變成爲種內包由不定之狀態而進於確定以表特殊之概念如「生物」概念中有「物」與「有機體」二屬性而「有機體」尤爲類要素其或爲「植物」或爲「動物」狀態尙未確定惟附加「隨意運動」之特有屬性則「動物」之特殊概念(種)因而限定其外延亦比

生物縮小矣。

二　總括作用　此與限定作用相表裏。蓋從多數比較所得之概念（對象）中執持其屬性之共通者而捨棄其特有者使種變爲類要素內包由確定之狀態而進於不確定以搆成一普通概念也。例如「動物」對象從「植物」比較而得之者其「物」與「有機體」爲共通屬性「隨意運動」爲特有屬性。今將後者之屬性捨棄之前者之屬性執持之與「植物」對象相總括以成「生物」之普通概念則「動物」之種潛形於內包之「有機體」中而外延乃益形擴大矣。

三　抽象及具象之概說　據前說概念之搆成當行限定總括兩作用。夫限定作用既以屬性之適應於概念中要素者抽取而執持之。自必以不適應者無甚關係而捨棄之故。一切概念皆可謂之抽象的。例如「動物」概念但抽取「動」與「物」兩屬性是也。至總括作用則以一定法則融合概念中之諸對象。成一具體故謂之具象的。要其意義厥惟有二。（第一）謂抽象概念表示不能直接知覺者具象概念表示直接得以知覺者如「甘味」「秀色」「堅木」等所以表示直接知覺之對象故爲具象的「甘」「秀」「堅」等不過就所表示者之中有所知覺其眞對象但以思考得之並無形體所顯故爲抽象的此一說也（第二）謂抽象概念從本來全態中抽離而出者如「樹」爲本來全態其「枝」「葉」「根」「幹」即「樹」中之各抽象具象概念乃表示各抽象所依附成立之全體者如「枝」「葉」「根」「幹」各抽象總括爲「樹」之全態此又一說也但知覺僅限於箇箇部分而思考則認識此等關係而統一全態故知覺所得者有時比思考所得者反爲抽象如「水力」「風力」皆知覺所得然比於思考所得之「力」則反抽象矣是以抽象與具象不能判然區別要於概念構成之各對象姑爲分析之以明其成分綜合之以定其範圍而已

丙　內包與外延之關係

一　內包與外延增減之說

（一）　謂內包與外延相反增減者　列規則及圖說如左

（一）規則　外延大則內包小外延小則內包大或云內包大則外延小內包小則外延大其義亦同

（二）圖說　列英儒漢密耳圖（Ha—milton, 1788—1856）所著之三角塔式如左

甲圖　外延

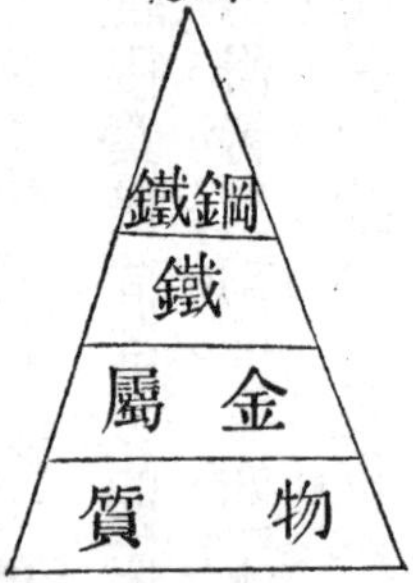

乙圖　內包

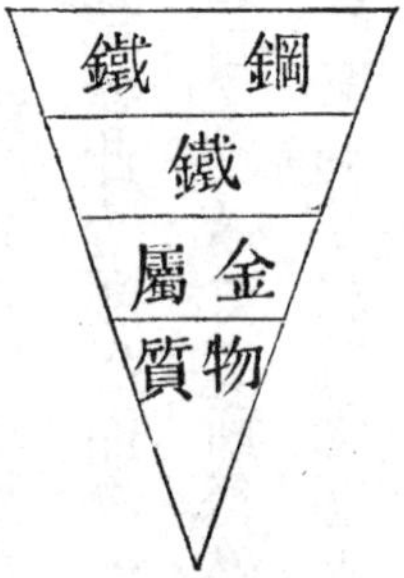

丙圖　外延

內包

右甲圖示外延之大小乙圖示內包之大小丙圖示內包外延相互消長之關係如「鋼鐵」之外延最小而內包有「鐵」「金屬」「物質」等屬性故最大「物質」之內包最小而外延括「金屬」「鐵」「鋼鐵」等對象故最大此即反比之證也

（二）謂內包與外延非相反增減者　列說如左

（一）　內包不因總括而減然外延則從此擴張　例如黃犬（甲乙）白犬（甲丙）黑犬（甲丁）等概念爲種總括爲類概念犬（甲）此時黃白黑（乙丙丁）等種就內包觀之其迹象似已抽去然黃白黑總名爲色色即犬之一箇類要素色之性質仍存則類要素之性質亦仍存是種不過潛形於其中變確定者爲不確定者而甲所範圍之乙丙丁各屬性較諸僅爲甲乙僅爲甲丙僅爲甲丁者固大爲增加矣

（二）　內包不因限定而加然外延則從此縮小　例如限定類概念犬（甲）爲黃犬（甲乙）就內包觀之似乎以乙加甲而有所增益然乙本甲之一箇類要素此時不過顯勢爲種使不確定者變成確定者非眞有所加也而類概念之外延則以降爲種概念而縮小矣

（三）　外延擴張則內包亦增加　如總括甲乙（倫敦京都）甲丙（柏林京都）甲丁（巴黎京都）等種概念而爲甲（京都）之類概念則乙丙丁等各種仍潛形於其類要素中故甲之外延擴張而其內包之乙丙丁各屬性較之僅爲甲乙僅爲甲

丙僅為甲丁者已大為增加矣。

（三）（一）說與（二）說承用之趨勢　（一）說為漢密耳圖所用。相承至今。其謂外延內包增減之反比。不過就便宜上大體言之。尚難嚴密。（二）說則內包外延之區分。無所異同。惟極力反對相反增加之說。蓋近時論理學者主張之要。其不能如數學之精確。則一也。本書主用（二）說。故將本來概念之所變化。且以科學知識整理箇箇之對象概念。而配列定次如左。

二　類與種及種差　凡幾多比較所得之對象。各因其特有之屬性。以為區別。並因其共通之屬性。以相關係者。故概念約分三等。

（一）　類　類者。以各概念為主要成素。去其特有屬性。而總括之。以成統一之全體者也。故又謂之類概念。如總括「菱形」「長方形」「正方形」等各概念。即成「四角形」之類概念。其外延較「菱形」「長方形」「正方形」等為大。

（二）　種　種者。就類概念中所含之一概念。加以特有屬性。而限定之。使成特殊

之具象者也如「四角形」爲類概念加以「等邊等角」之特有屬性即限定爲「正方形」之種概念而其外延比「四角形」較小

(三) 種差　種差即各種相互區別之特有屬性故又謂之特異性如「正方形」之所以別於「長方形」者以其有「等邊等角」之特異性長方形之所以別於「菱形」者以其有「兩邊兩直角相等」之特異性故也

(四) 三者之關係　凡可以爲比較之概念莫不有種類關係如「物」「生物」「動物」「有脊動物」「哺乳動物」「人」「中國人」等概念就中「哺乳動物」對於「有脊動物」則爲種對於人則爲類因此關係實施總括作用去種概念之特異性則由「哺乳動物」而總括爲「動物」遞次上昇可至最高類「物」更施限定作用加入特異性於類概念中則由「有脊動物」而限定爲「哺乳動物」遞次下降可至最下種「人」而自最高類至最下種之間仍有多數之特異性各爲區別是即所謂種差矣

第六節　概念之關係形式

甲　類似關係

一　齊合（同一）概念　蓋概念之外延與內包全相一致者其形式即「甲同於甲」是也。

二　同義（均等或同延）概念　蓋概念之外延一致而內包全不一致者如「孔子」與「中國之至聖先師」「非洲之尼羅河」與「流入地中海之第一大河」其例也。

乙　從屬關係　此即論理階段中上位概念與下位概念之關係蓋概念之外延有大有小大外延之概念能包攝小外延之概念故列上位而爲類小外延之概念爲大外延之概念所包攝而從屬之故列下位而爲種（德國謂之肢）如物、生物、有脊動物、哺乳動物、人、中國人等概念以次遞爲上下故「動物」對於「有脊動物」而爲上位對於「生物」而爲下位若施限定作用則漸降而可至最下位施總括作用則漸升而可至最上位。

丙　對峙關係　類包種而在上位種爲類所包而在下位上既言之矣若類中所包

之各種則在同階段中彼此列於對位如「金屬」所包之「金」「銀」「銅」「鐵」等實物概念各具特有屬性不相統攝故並立爲對位茲分類如左

一　離接概念　幾多概念統攝於最近上位概念之中以其內包雖有共通之點而外延皆無相合性故謂之離接又以其各爲對位故幷謂之離接肢如「中國人」中之「江蘇人」與「安徽人」「金屬」中之「金」「銀」「銅」「鐵」即其例也

二　交錯概念　一稱交互概念又謂之交叉概念如「甲」概念(果品)之內包含有「丁」(色)「戊」(味)等類要素一則限定「丁」而爲「甲庚」概念(赤果品)一則限定「戊」而爲「甲辛」概念(甘果品)以成交錯關係若於「甲庚」內包中再含類要素「戊」或「甲辛」內包中再含類要素「丁」更限定之而爲「甲庚辛」概念則交錯之部分益增幾近於同義矣或謂「甲庚辛」(赤甘果品)之於「甲庚」及「甲辛」與夫「甲」(果品)之於「甲庚」及「甲辛」似有從屬關係不知「甲庚」及「甲辛」二者因限定「丁」「戊」而生不能直接比較但於稍遠之上位概念中彼此對位故其外延之一部因相

合併而交錯要非躐等以爲從屬也

三　反對概念　將類概念「甲」（紙）所含之類要素「丁」（色）限定之而爲「甲庚」（白）及「甲辛」（黑）等種概念分存於同一類（上位）概念中而其內包之差異程度在一定順序之兩極端者此爲反對對當如白－灰白－黑兩極端之白與黑及大－中－小兩極端之大與小及其他寒熱賢愚皆是要之立定「庚」則拒斥「辛」立定「辛」則拒斥「庚」有斷然者惟拒斥「辛」而「庚」未必立定拒斥「庚」而「辛」未必立定以色苟非白或者爲灰白亦未可知故不能立定黑也

四　矛盾概念　欲以類概念所含之兩箇種概念適用於同一對象而思考實有所牴觸故必一方拒斥然後他方得以立定此關係即謂之矛盾對當茲詳述之

（一）　矛盾與反對之異點　（其一）反對對當爲積極概念若矛盾概念則爲消極概念惟消極概念實由積極概念中添加否定意義而成者故常附「非」「不」「無」等名辭（其二）反對對當之離接肢可多至數箇若矛盾對當則祇有兩肢（其三）反

對對當之各肢具爲積極必先立定其一而後能拒斥其他若矛盾對當之二肢則一爲積極（肯定）一爲消極（否定）如「人者生耶死耶」「生者健康耶疾病耶」等必否定他一肢之內容而後此一肢乃愈能肯定也（其四）反對對當之離接列次其差異之兩極端中間能容第三者如寒熱兩極端之中間爲溫賢愚兩極端之中間爲庸是也若矛盾對當之差異則無兩極端可以確定如不才云者對於才而言之非義云者對於義而言之究竟才與不才義與非義差異幾何無從懸斷故中間不能容第三者

（二）矛盾概念之正誤　類概念中之兩箇種概念既一爲積極一爲消極則種概念內包之果否消極不可不以嚴格之意義定之茲詳述如下

（一）缺損概念　此爲消極概念之變態蓋形式肯定而實際否定之概念也如聾爲聽之缺損盲爲明之缺損其他啞跛孤寡凡表示固有屬性之消失者皆是

（二）消極的積極概念　此爲積極概念之變態蓋形式否定而實際肯定之概念也如善爲積極惡爲消極固也若云不善亦爲消極即屬誤解蓋不善雖不能

與善比例。然未必含惡之意義。故爲消極之積極。其他不名譽。非人情。皆屬此類。

五　相對（回互）概念　蓋兩概念之內包。必相互依存。相互規定。而後意義明晰者。例如教師（施教者）與學生。（受教者）賣主（售貨者）與買客。（購貨者）或日出與日沒。潮漲與潮落之類。教師非學生。則教無所施。其內包無由規定。而教師之意義不明瞭。學生非教師。則教無所受。其內包無由規定。而學生之意義。亦不明瞭。蓋關係之密切如此。故爲相對概念。亦謂之回互概念。回互之與反對異者。反對之積極兩概念。其內包極端差異。而中間能容第三項。此則積極兩概念之內包。相互依存。而中間不能容第三項。回互之與離接異者。離接概念之內包。各能自爲規定。此則必待相互規定。而明確。回互之與交錯異者。交錯概念之相合性。在外延一部分。此則不在外延。而在內包。且就關係之廣義言之。凡概念各有所對。而爲相互之關聯。蓋清潔云者。從穢汙處比較而出。衰弱云者。從盛强處比較而出。更以草木論。其於所根之種。所生之土。所養之日光雨水。莫不互有關係。極之知識發達。則其所相對者。益複雜而廣遠矣。

六　殊絕（乖離）概念　兩概念所限定之多數屬性各相乖違非昇至相當之上位概念則其間終不見有關係者此爲殊絕概念如「精神」與「几」「圓」與「赤」「鐵甲船」與「笛」等即其例也

第五章　判斷及命題

第一節　判斷及命題之解釋

甲　判斷及命題之意義　思想以同化作用統覺作用爲本質其單位則在判斷如目前僅見一犬尚未可云思想也必意度此犬之或爲白或爲走或爲吠然後觀念聚而判斷成思想之名乃立以此發表於外即成命題故判斷之要素在判斷結合之觀念與觀念結合之概念命題之要素在發表觀念或概念於言語文字之名辭以中國文法例之名辭即字命題即兩字以上聯成之句也分之則爲五類（一）叙述如「學生守校規」是（二）疑問如「此即學生乎」是（三）命令如「速上講堂」是（四）希望如「願各守校規」是（五）感歎如「懿歟休哉」是但以論理學律之感歎希望命令三

者成素未具疑問則成素具而未有斷定均不得能積極之眞理惟敍述主於斷定具有普通性與確實性（妥當性）故爲命題之根本形式

乙　判斷及命題之三要素　判斷爲概念間結合（一致肯定）或分離（不一致否定）之形式詳言之則以概念內容之屬性或性質概念規定其內部關係或以一概念與他概念之關係畫定之是也至其要素厥惟有三一曰主部亦稱主辭或謂之主部概念蓋就所思考之主要事物而立言者二曰賓部亦稱賓辭或謂之賓部概念蓋附於主部概念而思考以立言者三曰繫部亦稱繫素爲上兩者結合及分離之形式因其發表於言語故又稱繫辭或謂之連辭如「師範生必熱心教育」此一斷定中「師範生」在主部故爲主辭「熱心教育」附「師範生」而立言位在賓部故爲賓辭「必」字乃結合兩者位在繫部故爲繫辭如云「彼非師範生」則「彼」爲主辭「師範生」爲賓辭「非」字乃分離兩者爲繫辭觀此則主部賓部爲斷定之資料繫部示兩部關係謂之斷定之形式可已

第二節　判斷之區分　分爲系統的傳說的兩大類。

甲　系統的區分　斷定之區分言人人殊茲就三視點大別如左。

一　本於主部形式之區分

（一）　知覺判斷與概念判斷　此知覺判斷即觀念也至進步而得概念判斷便成歸納法矣。

（一）　知覺判斷　就知覺所及之一事一物而斷定其或爲「木」或爲「火災」此觀念蓋即斷定之初步。

（二）　概念判斷　知覺判斷僅有特殊知識概念判斷兼有普通知識如斷定「犬爲動物」即其例也至舉概念判斷之賓部或概念之內包悉數之即爲定義判斷。

（二）　不定判斷與確定判斷

（一）　不定判斷　約分二種其一關於氣候景色者其二關於主觀狀態者。

如突然曰「寒」曰「暗」究屬何指尙未確定故論理學者以爲無意識之主蓋不過據知覺之現象保持之而已

（二） 確定判斷 蓋不定判斷之進步（其一）爲單純判斷如「岳飛爲宋代名將」云云斷定一主一賓之關係者（其二）爲複雜判斷而有分釋與複合之別複合判斷如「基督敎回回敎猶太敎爲一神敎」云云斷定多數箇別主部與同一賓部之關係「動物者能生長繁殖知覺運動者也」云云斷定多數箇別賓部與同一主部之關係者前一種又稱連主斷定後一種又稱繫賓斷定至分釋判斷尤以主賓外延之全部悉數之如「鈍角三角形銳角三角形直角三角形正三角形爲三角形」云云是也

二 本於賓部形式之區分 斷定之在主部者多爲事物概念至賓部則事物概念外兼有狀態概念與屬性概念詳述如左

（一） 叙述判斷 蓋所以示特殊之事物及狀態者

（二）記載判斷　蓋所以示事物及類之必然的屬性者如「水無色者也」若將主部內包之屬性全體盡舉之如「水無色無味無臭者也」云云即爲定義判斷且記載判斷有近於敍述判斷者如「天爲深綠色」是幷有近於說明判斷者則就抽象概念中附以普通之或屬性如云「刑罰爲必要之制度」是也

（三）說明判斷　蓋以主部賓部內包之主要成素表示類概念與種概念之結合者如「動物能運動者也」是若再加種差如「動物能生長繁殖感覺運動者也」即成定義判斷　要之三種區別相對而非絕對者故據內包見解則記載爲斷定之全體據外延見解則說明爲斷定之全體此其應注意者也

三　本於主部賓部關係形式之區分

（一）性質上區分

（一）肯定判斷　蓋以主部與賓部一致而爲結合之斷定者如「甲爲乙」「甲者乙也」云云其繫部常用「爲」字或「者也」字表明之

（二）否定判斷　蓋斷定主部與賓部之不一致而有分離的立定的區別例如「赤非青」「阿剌伯人非土耳其人」云云此以二箇反對對當之概念爲分離的否定判斷也又如「阿剌伯人非基督教徒」「此石非青」云云此兩概念不爲反對關係故因非青而豫想此石爲白因非基督教徒而豫想阿剌伯人爲回教徒所謂立定的否定判斷義即在此其繫部則常用「非」字表明之

（二）種類上區分

（一）同一判斷　蓋示主部與賓部有均等關係者例如「等邊三角形爲等角三角形」是至定義判斷亦即同一判斷之一種

（二）從屬判斷　蓋爲類與種之結合即前分類中之說明判斷也有此則概念整理而成一統系至記載判斷所以示事物與屬性之關係者若將屬性化爲事物概念亦得爲從屬判斷然此可於特別時會用之

（三）對峙判斷　蓋判斷二箇或二箇以上之主辭賓辭有對峙關係者凡

主辭賓辭限於二箇則爲單純判斷如同一判斷從屬判斷交叉判斷之類俱屬於立定判斷中若主辭賓辭在二箇以上或因數箇單純判斷合成者則爲複雜判斷如選擇判斷離接判斷約結判斷(依偶判斷)是然主辭賓辭之多寡有時不能盡拘要視立言之性質以爲適當之分類斯可矣

其一　交叉判斷　判斷主部賓部之交錯關係例如「或哺乳動物爲水中動物」是

其二　離接判斷　判斷二箇以上之離接肢例如「筆頭爲毛質耶炭質耶鋼質耶」是也

其三　選擇判斷　例如「病者生耶死耶」兩者擇取其一故謂之選擇判斷然此就狹義言之若廣義則具有多數離接肢之離接判斷亦括於其中

(四)　依偶判斷　概念之相對關係中有遞及意義者如「意志與行爲」「犯罪與刑罰」一概念獨立而他概念依偶之是也有相互意義者如「法律與行爲」「勞

動與報酬」兩概念互爲依偶是也依偶判斷蓋即斷定其關係所在茲詳述如左

其一　偶然關係　一屬空間如「日光不至處不生草木」是一屬時間如「日將暮則上歸途」是

其二　必然關係　此屬因果爲判斷之最切要者以正當之思想須具必然性故也因爲前件爲後件之根據爲約制者果爲後件爲前件之歸宿爲被約制者如「國會若開則人民知盡國民義務」其主辭爲前件即立言之條件的部分賓辭爲後件即主辭條件下被約制之部分一言以蔽之則假一條件以示主賓關係而已故依偶判斷亦稱約結判斷又謂之假設判斷

乙　傳說的區分　蓋自亞里士多德經中古而迄於近世其論理學之傳說各有原本與趨向茲分類如左

一　就立言之性質上區分

（一）肯定判斷　義見前

(二)　否定判斷　例如「蝙蝠非鳥」「魚無肺」之類餘義見前。

二　就立言之分量上區分

(一)　全稱判斷　蓋賓部對於主部外延之全體或爲肯定或爲否定者其公式爲「凡甲爲乙」及「凡甲非乙」其實例即「凡文明國皆注重教育」及「凡下流社會無自治能力」之類凡全稱肯定多用「凡」字表示之。

(二)　特稱判斷　蓋賓部關於主部外延之一部或爲肯定或爲否定者故又謂之特稱判斷其公式爲「或甲爲乙」及「或甲非乙」其實例如「或人有實業思想」「惟熱心者能謀地方公益」「彼人無愛國心」之類凡特稱肯定多用「或」字「彼」字等表示之。

至將性質分量結合之可得四種判斷其符號爲AEIO四箇羅馬字母茲表記如左。

肯定……凡甲爲乙……(A)

判斷
- 全稱
  - 否定……凡甲非乙……（E）
- 特稱
  - 肯定……或甲爲乙……（I）
  - 否定……或甲非乙……（O）

三　就立言之關係上區分

（一）　主部與賓部之關係

（二）　主部與賓部關係之異說

第一說　謂主部以外延爲意義賓部以內包爲意義例如「某爲賢」云云「某」爲外延「賢」乃「某」之屬性爲內包此即所謂斷定說或普通說也

第二說　謂主部賓部共以外延爲意義如「人爲動物」云云「人」雖爲「動物」所包含然皆爲名辭指示之事物此即所謂外延說也

第三說　謂主部賓部共以內包爲意義如「有德則有福」云云「有德」雖包含「有福」然皆爲名辭含蓄之屬性此即所謂內包說也

第四說　謂主部賓部共以外延爲意義又共以內包爲意義此蓋承認第二說及第三說者即所謂外延內包說也

(三)　諸說之略評　上四說雖具有見解然不能無失諸偏執處本書主張名辭多有外延內包二義繫辭則祇示名辭之一致不一致要於命題解釋適當而已

(二)　命題之圖形　選列二種如左

第一種圖形　於主部賓部之外延以線圓示其周延點圓示其不周延此圖最爲明晰故日本今福忍用之

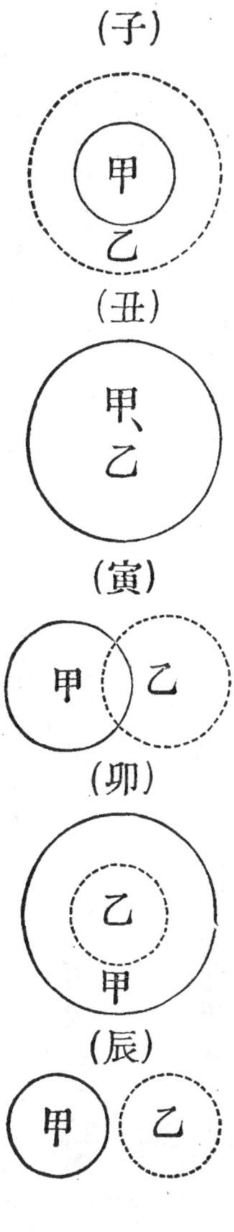

右圖形蓋示主辭賓辭一切相互之關係(子)爲賓辭之範圍容納主辭範圍而有餘者

(丑)爲主辭與賓辭之範圍適相符合者。(寅)爲主辭一部之範圍與賓辭相符合者。(卯)爲主辭之範圍容納賓辭範圍而有餘者。(辰)爲主辭與賓辭之範圍判然不相符合者其中(子)與(卯)爲表裏。(丑)與(辰)爲表裏。(寅)則介於四者之間此外主辭與賓辭之一致不一致皆可類推。

第二種圖形　於主賓內包之部分以橫線示其一致縱線示其不一致者。

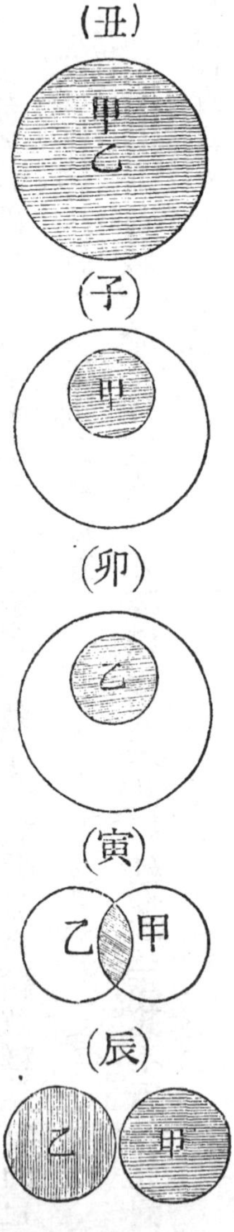

右圖(丑)示主辭之內包與賓辭全部一致者。(子)示主辭之內包與賓辭一部一致者。(卯)示賓辭之內包與主辭一部一致者。(寅)示主辭內包之一部與賓辭內包之一部一致者。(辰)示主辭之內包與賓辭內包之全部不一致者。教員用之板圖較爲便利。

（三）名辭之周延（擴充）及不周延　凡立言關於主辭賓辭之全部者謂之周延。其命題上可以「凡」字及同義之形容字表之關於主辭賓辭之一部者謂之不周延。其命題上可以「或」字及同義之限定字表之。茲舉AEIO四命題研究如左。

（一）A命題……全稱肯定判斷……凡甲爲乙……主辭周延賓辭不周延

其主辭賓辭關係之正當一由於經驗故惟特別時適用之如「客皆集」是也一由於必然如「人皆有死」是也茲列圖解如下。

（壹）

（貳）

右圖所示凡兩種其一爲賓辭之範圍容納主辭範圍而有餘者如云「凡犬（甲）爲動物（乙）」其「甲」之全部與「乙」之一部相一致而有上位下位之關係是也其二爲

主辭範圍適合於賓辭範圍者。如云「凡等角三角形（甲）爲等邊三角形（乙）」其「甲」之全部與「乙」之全部相一致。而有同義同延之關係是也。

（二）　E命題……全稱否定判斷……凡甲非乙……主辭賓辭皆周延

其主辭範圍全在賓辭範圍外者。茲列圖解如左。

（叁）

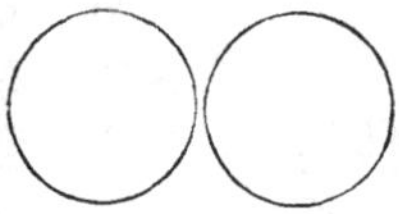

右圖所示。僅一種。例如「牛（甲）非馬（乙）」云云。「甲」之全部。與「乙」之全部。抵拒不相一致。而有離接概念之比較。及殊絕概念之差異者。觀此則知否定判斷之主部外延。常在賓部之全範圍外矣。

（三）　I命題……特稱肯定判斷……或甲爲乙……主辭賓辭各不周延

其主辭之一部在賓辭範圍內故得以點圓相互之共通部明其交錯關係惟實際上仍不確定因而立言時尚有三種形式而皆爲(肆)所網羅。茲列圖如左。

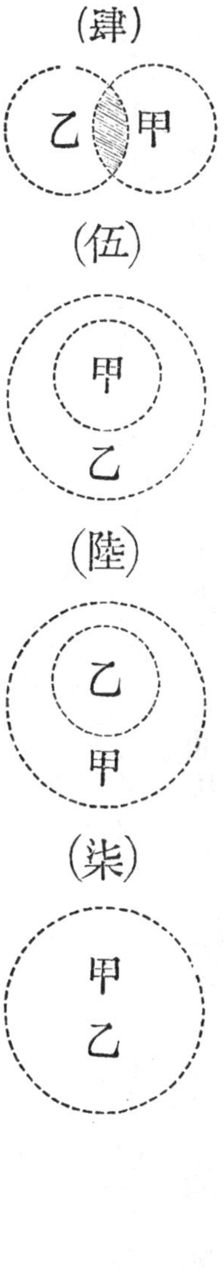

右圖所示。凡四種。其一如「或菌(或甲)爲有毒者(乙)」云云。菌不僅有毒而有毒者。祇占菌之一部。有毒者亦不僅菌。而菌之毒祇占有毒者之一部。是菌之於毒。要爲一部相合。故兩者各不周延。其二如「或人死」云云。死爲凡人所不能免。而或人適當其死。是或人不過居死中之一部。故兩者各不周延。其三如「或人爲賢人」云云。或人居凡人之一部。故不周延。賢人不僅屬或人。故在或人範圍中雖一致。而亦不周延。其四如「或人爲理性動物」云云。理性動物居動物之一部。與或人範圍相符合。故主辭賓辭。各不周延而甲與乙均以一部相一致也。

（四）　O命題……特稱否定……或甲非乙……主辭不周延賓辭周延其不周延之主辭與周延之賓辭爲分離關係故主辭之一部或全部在賓辭之範圍外。茲列圖解如左。

（捌）

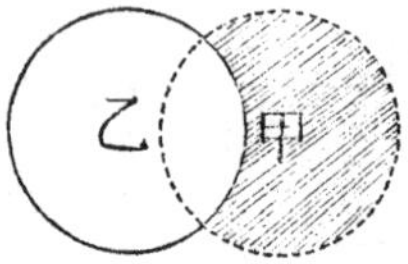

（玖）

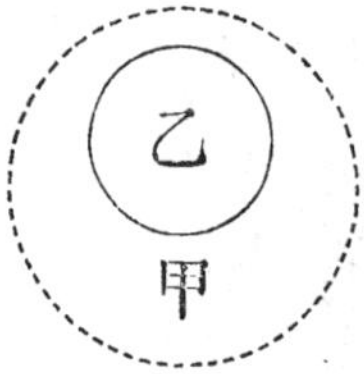

（拾）

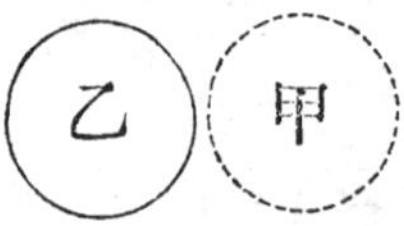

右圖所示。凡三種。其一如「或美國人非白人」云云。美國人之他一部。雖爲白人。然或一部要非白人。故甲之一部。與乙之全部不一致而出其範圍外也。其二如「或人非賢人」云云。或人居凡人之一部。既非賢人。則賢人自有他人。故周延而不一致。其三如「或人非木」云云。木爲樹之全部。故周延。與或人全不一致。故不能入其範圍而相分離。要之特稱肯定之立言最曖昧而不確定特稱否定次之全稱肯定又次之而全稱否定則最為明確此其大較也其他復有各圖合併及變形者均附備參考如左。

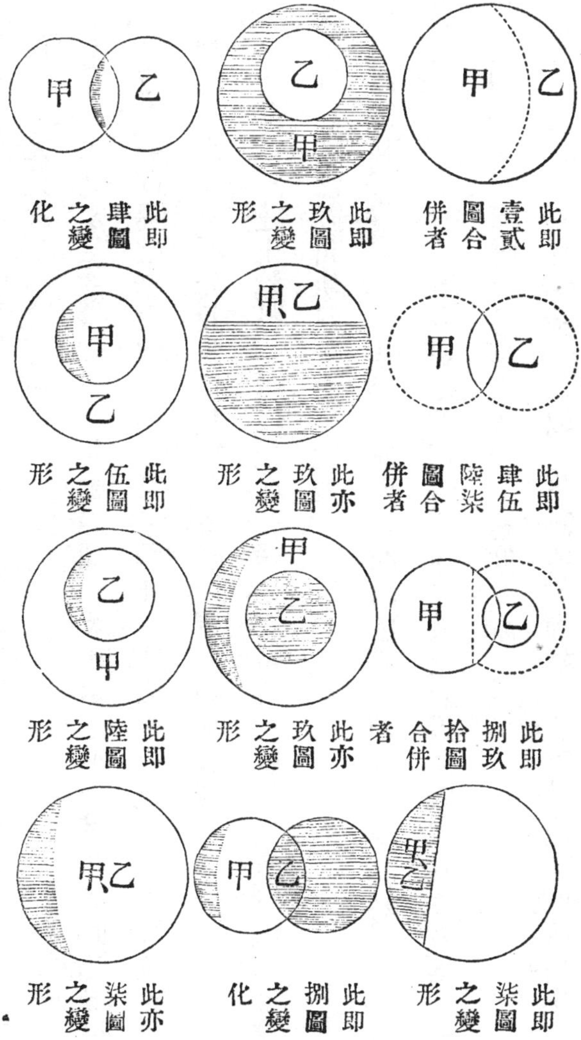

此即壹貳圖合併者　此即玖圖之變形　此即肆圖之變化

此即肆伍陸柒圖合併者　此亦玖圖之變形　此即伍圖之變形

此即捌玖拾圖合併者　此亦玖圖之變形　此即陸圖之變形

此即柒圖之變形　此即捌圖之變化　此亦柒圖之變形

（四） 立定、選擇、假設之三判斷

（一） 立定（定言）判斷 此本於同一及矛盾之原理其單純判斷有同一、從屬、交錯等各意義已於系統分類中第三類詳之。然以之規定概念內容及此等相互之關係。則概有所不能。故複雜判斷在所必行。茲分兩種如左。

其一 連主判斷 蓋以幾箇相異之主辭與一賓辭俱有關係而斷定之者。得此則思考活動可使歸於簡括。例如

甲乙丙爲某（非某）……基督敎猶太敎回回敎爲一神敎（非多神敎） 此命題若係全稱則一主辭乃所以規定數賓辭之內包於義應爲類概念。若係特稱則一主辭乃所以規定數賓辭之外延。於義應爲種概念。

其二 繫賓判斷 蓋以一主辭與數箇相異之賓辭俱有關係而斷定之者。例如

某爲（非）甲乙丙……動物者生長繁殖感覺運動者也（全稱肯定） 此金屬非金

銀及銅（特稱否定）

（二） 選擇（選言或離接）判斷 此本於拒中之原理蓋表示一主辭於數賓辭（離接肢或選擇肢）中一致與否尙在可離可接之間必經選擇而始確定者例如

甲爲乙耶丙耶丁耶……三角形爲（非）鈍角耶銳角耶直角耶 此離接肢中任選其一則餘皆棄置之如以銳角爲眞則命題應變爲「此三角形爲銳角而非鈍角直角」遂成立定命題矣。

甲爲（非）甲乙耶甲丙耶甲丁耶……物爲固體耶液體耶氣體耶 就中「物」爲類概念「固體」「液體」「氣體」爲種（即離接肢）體爲類要素必類概念或類要素之各種明晰而後離接判斷得以確定茲立限制二則如左。

第一則 離接肢須爲反對對當或矛盾對當。

第二則 離接肢須充類列入不可遺漏∴若違此限制則所結合者容有不正當

之判斷。若依此限制而爲交錯關係。則結合之判斷中。可有兩箇以上之正當肢。如以「物」爲主辭。僅舉「固體」「氣體」爲離接肢。設此物確係「液體」。則斷爲「氣體」或「固體」俱非正當。又如以「果物」之各離接肢。爲「赤果物」「甘果物」「香果物」「橢圓果物」等交錯關係。設此果物確係甘香橢圓而非赤。則判斷即可得二箇以上之正當。

（三）假設（假言或約結）判斷　此本於理由之原理。蓋以主部之眞判斷賓部之亦眞。而特假某條件表示因果關係者。如

第一例
- 若爲甲則爲乙……若爲師範生則應知教育原理
- 若非甲則非乙……若非師範生則不知教育原理

第二例
- 若甲爲乙則非丙……彼若爲勇者則應無畏難苟安之情態
- 若甲非乙則爲丙……彼若非勇者則有畏難苟安之情態
- 若甲非丙則爲乙……彼若無畏難苟安之情態則爲勇者
- 若甲爲丙則非乙……彼若有畏難苟安之情態則非勇者

第三例｛若甲爲乙則丙爲丁……若今日雨則運動會延期
　　　　若甲非乙則丙非丁……若今日不雨則運動會不延期

此數例中之主辭爲立言之條件部分卽所謂前件也賓部爲條件下被約制之部分卽所謂後件也凡前件爲事實則後件亦須爲事實後件非事實則前件亦須非事實然以前件之非事實而遂謂後件之必非事實且以後件之爲事實而遂謂前件之亦必爲事實則俱有所不可此無他後件所從來不限於前件所揭者之一事故也例如「若爲肺痿病則不治」云云使否認其後件則前件亦必在否認之列此命題應改爲「如能治則當非肺痿病」設云「如能治當非肺痿病」或「如不能治宜爲肺痿病」則俱有所不可以肺痿外更有不治之病在武斷之則不免於謬誤要之前件經承認者則後件亦須經承認後件經否認者則前件亦須經否認苟承認後件而卽承認前件與否認前件而卽否認後件皆所不可蓋前後件間之關係如此

四　就立言之樣式上區分　因斷定之確實性多寡不同故分三等樣式如左

（一）蓋然判斷　蓋判斷之不明理由而並無實際者此則確實性全未判然立言不免於狐疑故繫辭常爲「恐」「似」等字例如「甲恐爲乙」「甲似非乙」即「火星中似有住民」或「朝鮮恐無復興之望」是也

（二）實然判斷　蓋判斷之不明理由而祇有實際者其確實性較前爲多例如「甲爲乙」或「甲非乙」即「月爲自東向西之回轉」是也

（三）必然判斷　蓋判斷之有實際而兼明理由者其確實性最多故繫辭常爲「必」「決」等字如「甲必爲乙」或「甲決不爲乙」是此實然與必然兩判斷樣式雖分爲二實則仍合爲一以其俱有確實性而均不失爲正當之判斷故也

第六章　推論

第一節　推論之解釋

甲　推論之意義　凡認識有受動及發動兩方面感覺知覺在其受動方面主以認識雜多之事物爲任務思想在發動方面主以統一雜多之事物爲任務至記憶想像

則介於受動發動之間主以各種之舊觀念組成新觀念爲任務前既言之矣此新觀念組成後即謂之概念以一概念與他概念相綜括即謂之判斷以一判斷與他判斷相綜括即謂之推論推論者思想中至高之統一作用也

乙 推論之搆造 推論以言語表出之則曰論式其要素凡二一爲前提即根本之判斷於論式上謂之原命題一爲斷案即從根本所推得之判斷於論式上謂之新命題前提之判斷自一箇可至於數箇要其全體中得一判斷之根本足矣若斷案則一箇推論中祇一而已惟前提同而斷案異者如「馬非牛故馬爲非牛」及「馬非牛故牛非馬」云云當別爲一種推論

丙 推論之根據 凡從一判斷推及於他判斷須依一定之根據而後推論乃能正當此仍不外乎思想法則蓋思想法則有根本及枝葉之別根本法則即普通法則一切思想之所歸皆受其支配故推論必以此爲最後之根據枝葉法則即特殊法則爲特殊形式之思想時在所必依如「甲爲乙故甲非非乙」之簡單推論可於直接上依

根本法則之矛盾律無須他助若複雜推論則當支配各種之特殊法則故就本末輕重言之雖以普通法則爲要然論實際價值轉覺特殊法則較大爾

第二節　推論之區分

推論之種類雖多然區分祇有二法第一種以前提中命題箇數之多寡區分爲直接推論與間接推論第二種以斷定之對於前提分量上關係區分爲演繹法及歸納法

甲　第一種之區分

一　直接推論　由一箇判斷（命題）而推及於其中所含之他判斷（命題）者例如「人爲動物故或動物爲人」及「人非木石故人爲非木石」是

二　間接推論　由前提所聯合之二箇或二箇以上判斷（命題）而推及於他判斷（命題）者例如

（甲爲乙……聖人爲百世之師……原命題）
（丙爲甲……孔子爲聖人……原命題）……前提

故丙爲乙……故孔子爲百世之師……新命題……斷案

甲爲乙……教育普及則民智廣開
乙爲丙……民智廣開則薄俗盡化
丙爲丁……薄俗盡化則公德盛行
丁爲戊……公德盛行則國運大昌
……前提

故甲爲戊……故教育普及則國運大昌……斷案

乙 第二種之區分

一 演繹法 此推論。蓋由愈普通之前提。推及愈特殊之斷案者。法與直接推理相同。其例如左。

中國人爲東洋人
江蘇人爲中國人
故江蘇人爲東洋人

二　歸納法　此推理。蓋由多數特殊事實之前提。推及普通眞理之斷案者。茲舉一假形式以示大體之性質。例如「金因熱而膨脹。銀因熱而膨脹。銅因熱而膨脹。鐵因熱而膨脹。故金屬因熱而膨脹」是也。

三　演繹法與歸納法之異點　演繹法以不可動之前提。因思想法則而即知推及或抽出之成果。故其推論性質。但得相對的正當足矣。歸納法則不僅確守思想之法則。又須前提之特殊事實。舉皆確實。故其推論目的。務達於絕對的正當而止。此二者不同之點也。

丙　二區分之比較　就第一區分考之。直接推論。祇占推論中一小部分。若間接推論。則包有歸納法全部。及演繹法不在直接推論之部分。蓋大小廣狹相逕庭矣。更就第二區分考之。歸納與演繹推論。因根據之法則各別。難與間接推論。併爲一談。故學者於推論之種類。爲便利計。常用第二區分。

丁　推論之三大別　第二區分。既便用矣。惟演繹法之前提。有以一箇判斷構成者。

亦有以數箇判斷構成者。較歸納法尤爲便利。故今別爲直接演繹法間接演繹法及歸納法三大類

第七章　直接演繹法

第一節　直接演繹法之概論

甲　直接演繹法之解釋　演繹法創自上古希臘之亞里士多德。迄今二千餘年。學者相率承用之。直接云者。蓋由一判斷而推及他判斷以求眞理。其間不假媒助之謂也。故又稱命題（判斷）之解釋。例如

（一）
甲爲乙……彼爲愛國者
故甲非非乙……故彼非非愛國者

（二）
丙爲丁……崑崙爲世界之大山系
故或丁爲丙……故世界之或大山系爲崑崙

戊爲己……某爲熱心地方公益者

（三）故非己則非戊……故非熱心地方公益者非彼

此法於前提所存之名辭。無論同一者。（第三例）矛盾者。（第一例）附加他語者。（第二例）皆再現於斷定中。是亦與間接演繹法區別之一要點也。

乙　直接演繹法之根據　同一律。矛盾律。排中律。爲思想之根本法則。凡直接演繹推論。以此爲根據。則判斷即能正當。非如他推論之必須多數特殊法則者。蓋簡單至是極矣。惟前提不周延之名辭。不可周延於斷案。此法則亦當切記耳。

丙　直接演繹法之種類　區爲對當及抽出兩法。而總謂之假推論。

一　對當法　此論立定判斷之關係。蓋以一命題之眞僞。直接推知他命題眞僞。之演繹法也。雖一命題與他命題。或以性質。或以分量。或以性質分量。互有不同。而A（凡甲爲乙）E（凡甲非乙）I（或甲爲乙）O（或甲非乙）之形式。要寓乎其間。茲詳述如左。

（一）對當之方形　於同一主部賓部之ＡＥＩＯ四命題間對於一方之眞僞而他方眞僞之關係互有異同者此等對當法共分四種一反對對當即Ａ與Ｅ之關係二小反對對當即Ｉ與Ｏ之關係三差等對當即Ａ與Ｉ之關係四矛盾對當即Ｅ與Ｏ之關係茲以便宜圖成方形示左

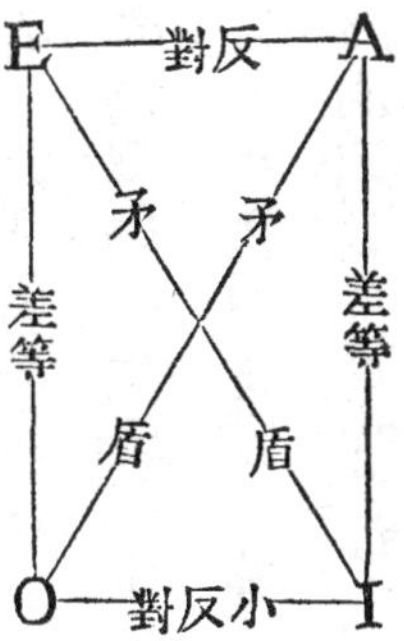

（二）對當之種類

（一）反對對當　即二箇全稱命題Ａ與Ｅ之主部賓部皆同而性質各異爲極端之反對者其規則爲「兩者不能共眞然能共僞即所謂一眞則他必僞一僞則他未必眞」是也　其因一方之眞而得以推知他方之僞者如以「凡甲爲乙」之

A命題爲眞則「凡甲非乙」之E命題同時即知其僞證以實例如「凡人爲動物」爲眞則「凡人非動物」之僞不辨自明矣　其因一方之僞而不得推知他方之眞僞者如以「凡甲爲乙」爲僞則據反對對當之推理應爲「凡甲非乙」然此中之眞僞尙有未能判然者蓋因「凡人爲馬」之僞而反對爲「凡人非馬」此於事實上爲眞以人之全部中無有一爲馬者故也因「凡學生爲男子」之僞而反對爲「凡學生非男子」此於事實上猶爲僞以學生全部中雖不盡爲男子亦不能無男子故也

（二）　小反對對當　即二箇特稱命題I與O之主部賓部皆同而性質各異者其規則爲「兩者不能共僞然能共眞即所謂一眞則他亦眞一僞則他未必僞」是也　其因一方之眞而得以推知他方之眞者如或以「或甲爲乙」之I命題爲眞則小反對推理爲「或甲非乙」同時亦得爲眞例若「或藏書可賣」爲眞則「或藏書不可賣」於事實上亦不失爲眞以藏書之全部中一部分可賣又一部分不可賣故也　其因一方之僞而得以推知他方之眞者如以I命題爲僞則同時即知O命題爲

眞。例若「或人爲木石」爲僞。則「或人非木石」。於事實上自眞矣。 其因一方之眞。而不得推知他方之眞僞者。如以I命題爲僞。則同時O命題之眞僞。尚有未能判然者。例若「或藏書不可賣」爲眞。則「或藏書可賣」。於事實上仍難遽定眞僞。以藏書之又一部分非僅爲賣者故也。

（三） 差等（從屬或大小）對當　即二箇肯定A與I或斷定E與O命題之主部賓部皆同而分量各異者其規則爲「全稱眞則特稱亦眞特稱僞則全稱亦僞惟特稱眞則全稱之眞僞不明全稱僞則特稱之眞僞亦不明」 其全稱眞而特稱亦眞者。如以A命題「凡甲爲乙」爲眞。則差等對當之I命題「或甲爲乙」亦必爲眞。此因同一律而知之者也。 其特稱僞而全稱亦僞者。如以「或甲爲乙」爲僞。則差等對當之「凡甲爲乙」亦必僞。此因矛盾律而知之者也。 其特稱眞而全稱之眞僞不明者。如以I命題爲眞。則A命題之眞僞。尚難分明。如因「或人爲動物」之眞推理爲「凡人爲動物」。於事實上亦爲眞。因「或人爲賢人」之眞推理爲「凡人爲賢人」。於事實上殊僞矣。其全稱僞而特稱之眞僞不明者。如以A命題爲僞。則I命題之眞僞尚難分明。如以「凡人爲文明人」之僞。推理爲「或人爲文明人」。於事實上固眞。因「凡人爲牛馬」之僞。推理爲「或人爲牛馬」。於事實上爲僞矣。以上專就A與I之關係說明之。其他E與O之關係亦與此相同。

（四）矛盾（正反對）對當　即二箇全稱肯定與特稱否定A與O。或全稱否定與特稱肯定E與I命題之主部賓部同而性質分量均異者。其規則爲「兩者不能共眞亦不能共僞。故一眞則他必僞。一僞則他必眞」其一方眞則他方必僞者。如以「凡人爲動物」爲眞。則推理爲「或人非動物」。其僞必矣。其一方僞而他方必眞者。如以「或人非動物」爲僞。則推理爲「凡人爲動物」。其眞必矣。以上就A與O言之。其E與I亦同此理。

（三）對當之總則

其一　總則　上述四種規則。即爲對當法之所由成。茲敍直接便宜之形式。

更列八種規則如左。

第一　A眞則I眞而E與O僞

第二　A僞則O眞而E與I眞僞漠然不明

第三　E眞則O眞而A與I、僞

第四　E僞則I眞而A與O眞僞漠然不明

第五　I眞則E僞而A與O眞僞漠然不明

第六　I僞則A僞而E與O眞

第七　O眞則A僞而E與I眞僞漠然不明

第八　O僞則E僞而A與I眞

其二　細表　上所列對當規則。欲使一覽而即知之。故列表如左。

A		E		I		O	
眞	僞	眞	僞	眞	僞	眞	僞

以上皆立定命題之對當其他、同一條件之下示後件立定不立定之二斷定者即假設命題之對當也假設命題之對當蓋依矛盾原理或二重否定原理而具有眞僞共不兩立之性質者茲立表如左

A	E	I	O
	僞	眞	僞
	漠	漠	眞
僞		僞	眞
漠		眞	漠
漠	僞		漠
僞	眞		眞
僞	漠	漠	
眞	僞	眞	

若某爲甲

眞↑↓僞　僞↑↓眞

若某非甲

若選擇命題之對當其選擇肢爲矛盾關係者則形式簡單故選擇差易其選擇肢爲離接關係者則必悉舉所有之各肢詳辨其孰拒孰否而後眞僞可得故選擇較難

二　抽出法　此蓋變更命題形式。而仍用其資料之一種抽出法。

第一種　立定命題之抽出法　蓋抽出原命題（前提）之資料。變爲新命題（斷案）之一種抽出法也。惟其所守之規則。在「前提不周延之名辭。不可周延。於斷案」故前提全稱。則斷案得爲全稱與特稱。若前提特稱。則斷案僅得爲特稱。茲舉抽出法之種類如左。

（一）普通抽出法

（二）變性法　一稱換質法。即將原命題之性質。肯定者變爲否定。否定者變爲肯定。而別成（不失原意之）新命題之一種抽出法也。其原命題謂之換質前提。新命題謂之換質斷案。茲列其根據與形式如左。

其一　變性法之根據　凡命題之變性。主部皆不動。而賓部則常爲矛盾概念。故須根據於矛盾律。如「冰冷者也」變性爲「冰非不冷者也」。冷與不冷語相矛盾。即其例也。或謂賓部亦可作反對概念。如變性爲「冰非熱者也」。冷熱明係反對。不冷即熱之轉語。是變性命題之賓部。形式雖矛盾。實際乃反對。惟其表裏異耳。抑知熱特不冷之一部。不能括冷以外之全範圍。故反對概念。不免縮小立言之意義。且矛盾語僅據形式。如原命題「某爲甲」。即可變性爲新命題「某非非甲」。若反對語則須發見甲爲何物。如熱之對冷。大之對小。而後能實施變性。況名辭中如木石魚鳥等。均無反對者存。不若非木非石非魚非鳥之應用無時而或窮。故變性法須據矛盾律爲普通。

其二　變性法之形式　以AEIO爲原命題。施正當之變性法。則變成新命題形式如左。

原命題		變性		新命題
(A)凡甲爲乙	凡人爲合理動物	凡甲非非乙	凡人非不合理動物(E)	
(E)凡甲非乙	凡人非蠢物	凡甲非乙也	凡人非蠢物也(A)	
(I)或甲爲乙	或人爲賢者	或甲非非乙	或人非不賢者(O)	
(O)或甲非乙	或人非賢者	或甲非乙也	或人非賢者也(I)	

惟照對當法之差等對當規則。尙得施左之限量變性法。

原命題……限量變性……新命題

（A）凡甲爲乙……或甲非非乙（O）

（E）凡甲非乙……或甲爲非乙（I）

（二） 轉位法　一稱換位法。蓋以原命題爲基礎。轉換其主辭賓辭之位置。而推知新命題之一種抽出法也。此原命題謂之轉位前提。新命題之轉位斷案。其轉位而分量變者。謂之變量轉位。分量不變者。謂之同量轉位。

其一　轉位法之根據　命題之轉位。一據「甲爲甲」之同一律。二據「甲非非乙」之矛盾律。而其尤注意者。在演繹法通用之重要規則。即前所云「前提中不周延之名辭。不可周延於斷案」是也（若本來周延者亦得周延之）

其二　轉位法之種類　以AEIO爲原命題。施安全之轉位法。則變成新命題。茲舉種類如左。

A命題之轉位

（A）凡甲爲乙……凡犬爲動物　轉位爲　或乙爲甲……或動物爲犬（I）　此以原命題之賓辭不周延。而與主辭爲從屬概念。故一經轉位。即將全稱肯定變成特稱肯定。否則轉位爲「凡動物爲犬」。誤矣。故此斷定亦謂之限量轉位法。

（A）凡道德上不可許之事爲不正當事　轉位爲　凡不正當事爲道德上不可許之事（A）　此以原命題主賓兩部之外延一致。而爲同義概念。故雖經單純轉位。仍爲全稱肯定。

E命題之轉位

（E）凡甲非乙……凡馬非牛　轉位爲　凡乙非甲……凡牛非馬（E）　此以原命題之主部賓部皆周延。故雖經單純轉位。仍無犯前列之規則。

I命題之轉位

（E）或甲爲乙……或信佛教者爲西洋人　轉位爲　或乙爲甲……或西洋人爲信

佛教者（E）此以原命題主賓兩部皆不周延。故單純轉位後新命題之主賓兩部。亦不周延。

（O）命題之轉位

（O）或甲非乙……或人非商人　此以否定前提之主部本不周延。若換置賓部。則取不周延者而周延之。是犯換位規則矣。且就實際言之。以「或人非商人」。變爲「或商人非人」其爲悖謬。不辨自明。故此命題全不可施換位。茲括上所述如左。

（A）凡甲爲乙　用限量轉位法變成　或乙爲甲（I）

（E）凡甲非乙　用單純轉位法變爲　凡乙非甲（E）

（I）或甲爲乙　用單純轉位法變爲　或乙爲甲（I）

（O）或甲非乙　不能轉位

（二）複式抽出法　一稱變性轉位法。此因原命題不能確固。故用變性轉位法。規定思想之徑路。以求不失原意之新命題。其以原賓部之矛盾概念轉置於新命題

之主部者。謂之非賓法。以原主部之矛盾概念。爲新命題之主部者。謂之非主法。例如

原命題……人有惻隱之心者也（A）

新命題……（非賓法）
- 故無惻隱之心者非人（E）
- 故或無惻隱之心者非人（O）
- 故無惻隱之心者爲非人（A）
- 故或無惻隱之心者爲非人（I）
- 故或非人無有惻隱之心者（O）
- 故或有惻隱之心者非非人（O）

是也。今列複式抽出法兩種如左。

（一）單純變性轉位法　蓋變性轉位法之一。次使用者。如A命題變性爲E命題。轉位仍爲E命題。則使用已畢是也。茲詳述如次。

（A）凡甲爲乙「凡犬爲動物」……變性爲……（E）凡甲非非乙「凡犬非非動物」……

再行轉位爲……(E)凡非乙者非甲「凡非動物者非犬」

(E)凡甲非乙「凡人非木」……變性爲……(A)凡甲非乙也「凡人非木也」……再行轉位爲……(I)或非乙爲甲「或非木爲人」

(I)或甲爲乙「或人爲賢人」……變性爲……(O)或甲非非乙「或人非不賢人」……不能轉位

(O)或甲非乙「或學生非熟於國文者」……變性爲……(I)或甲非乙也「或學生爲不熟於國文者」……再行轉位爲……(I)或非乙者爲甲「或不精於國文者爲學生」

(二)　複雜變性轉位法　蓋變性轉位法之遞次使用者。此於複式抽出法中。較爲繁雜。凡分兩種。第一種先施變性法。第二種先施轉位法。茲列二表、併舉例如左。

第一表

原命題		變性		轉位		變性		轉位		變性	
A	甲—乙	E	甲—非乙	E	非乙—甲	A	非乙—非甲	I	非甲—非乙	O	非甲—乙
E	甲—乙	A	甲—非乙	I	非乙—甲	O	非乙—非甲				
I	甲—乙	O	甲—非乙								
O	甲—乙	I	甲—非乙	I	非乙—甲	O	非乙—非甲				

第二表

原命題		轉位		變性		轉位		變性	
A	甲—乙	I	乙—甲	O	乙—非甲				
E	甲—乙	E	乙—甲	A	乙—非甲	I	非甲—乙	O	非甲—非乙
I	甲—乙	I	乙—甲	O	乙—非甲				
O	甲—乙								

第一例

(A)凡甲爲乙「凡動物爲生物」…變性爲…(E)凡甲非非乙「凡動物非無生物」…轉位爲…(E)凡非乙者非甲「凡無生物非動物」…變質爲…(A)凡非乙者爲非甲「凡無生物爲非動物」…轉位爲…(I)或非甲爲非乙者「或非動物爲無生物」…變質爲…(O)或非甲非非甲者「或非動物非無生物」

(E)凡甲非乙「凡菌類非動物」…變性爲…(A)凡甲爲非乙「凡菌類爲非動物」…轉位爲…(I)或非乙爲甲「或非動物爲菌類」…變性爲…(O)或非乙非非甲「或非動物非非菌類」 他如I命題O命題以此類推。

第二例

(E)凡甲非乙「凡蟲類非鑛物」…轉位爲…(E)凡乙非甲「凡鑛物非蟲類」…變性爲…(A)凡乙非甲也「凡鑛物非蟲類也」…轉位爲…(I)或非甲爲乙「或非蟲類爲鑛物」…變性爲…(O)或非甲非非乙「或非蟲類非非鑛物」 他如E命題。I命題。以此類推。惟O命題不能換位。須以變性法間接之。

（三）關係變更法　以立定、選擇、假設三命題。變更其關係而作爲新命題。是亦一種正當之抽出法也。

（一）　立定命題變更爲假設命題　例如

（A）凡甲爲乙（立定的）　變更爲　故若爲甲則常爲乙（假設的）

（E）凡甲非乙（定言的）　變更爲　故若爲甲則必不爲乙（假設的）

（I）或甲爲乙（立定的）　變更爲　故若爲甲則時爲乙（假設的）

（O）或甲非乙（立定的）　變更爲　故若爲甲則時非乙（假設的）

（二）　假設命題變更爲立定命題　例如

（A）若甲爲乙則丙常爲丁（假設的）　變更爲　故甲爲乙則丙爲丁（立定的）

（E）若甲爲乙則丙必非丁（假設的）　變更爲　故甲爲乙則丙不爲丁（立定的）

（I）若甲爲乙則丙時爲丁（假設的）　變更爲　故或甲爲乙則丙爲丁（立定的）

（O）若甲爲乙則丙時不爲丁（假設的）　變更爲　故或甲爲乙則丙不爲丁（立

定的）

（三）　選擇命題變更爲假設命題　例如

甲爲乙耶丙耶　此選擇命題惟有二肢。已可變更爲四箇假設命題如左。

故若甲不爲乙則甲爲丙

故若甲不爲丙則甲爲乙

故若甲爲乙則甲不爲丙

故若甲爲丙則甲不爲乙　若選擇命題有三肢以上者。可準此推之。

（四）　選擇命題變更爲立定命題　選擇命題。先變爲假設命題。然後得成立定命題。

第二種　假設命題之抽出法　假設命題之前件。爲約制者。其後件爲被約制者。故後件以前件之立定（肯定）而立定。前件亦以後件之不立定（否定）而與爲不立定。此固前件後件相關之法則也。然欲以前件之不立定。推求後件之立定與否。且以後件之立定。推求前件之立定與否。則此法概有所難施。故特變命題之形式以測之。

（二）　假言命題之換質　此以前件不過示後件相生之理由。故後件雖立定。常不能必前件之立定。前件雖不立定。亦不能使後件之不立定。於是變性以求之。例如「彼若病則應請假」云云。前件以病爲事實。其後件之「請假」即相因而生者也。惟「請假」之理由正復多端。不能必其爲「病」。亦不能必其不爲「病」。故後件雖立定。而前件之立定與否。尚難明確。設欲否認其前件。必先變性爲「若病則非不請假」。則據前件後件相關之法。則後件既已否定。前件自當因而否定。無俟轉位後乃能解決矣。

原命題……………………換質……………………新命題

若爲甲則爲乙「彼若病則應請假」……若爲甲則非非乙「彼若病則非不請假」

若爲甲則非乙……………………………若爲甲則非乙也

（二）　假言命題之變性換位　此以前件之不立定。不能決後件之果否立定。或以後件之立定。不能決前件之果否立定。故施變性轉位法。例如「彼若不守校規。」容或出於學生。故欲以不立定之前件。推知後件之果否立定。應變性爲「彼若不守校規。則爲非學生。」如是則後件立定矣。然非學生。容或守校規。即云不守。亦未必限於校規一端。故欲以立定之後件推求之。轉位爲「彼若非學生。則爲不守校規。」即知前件之立定矣。

若某爲甲「彼若病則請假」……換質爲……若某非非甲「彼若病則非不請假」……換位爲……若非甲則非某「彼若不請假則非病」

若非某則非甲「彼若非學生則不守校規」……變性爲……若非某則爲非甲「彼若非學生則爲不守校規」……轉位爲……若非甲（甲）則爲非某（某）「彼若不守校規則爲非學生」

（四）　附加法　蓋亦據思想原理。就原命題之主辭賓辭。附加同一之言語。而作爲新命題之一種抽出法也。此推論須不泥於形式。一方注意資料。他方銘記思想之法則。乃能正當。故在抽出法中不爲重要。茲分二種如左。

第一種

（一）同一形容詞之附加　例如

凡蟻爲動物……故凡黑蟻爲黑動物

（二）同一名稱語之附加　例如

凡馬非牛……故凡馬之足非牛之足

此二例爲正當之推論。

第二種

（一）同一形容詞之附加　例如

凡蟻爲動物……故凡最大之蟻爲最大之動物

（二）同一名稱語之附加　例如

凡馬非牛…………故凡馬所屬之類(動物)非牛所屬之類(動物)

此二例以附加之言語破壞演繹法之性質。蓋推論之不正當者。演式時注意愼防之。

第八章　間接演繹法

第一節　間接演繹法之概論

甲　間接演繹法之解釋　以二箇以上之命題爲前提。將其中所含之一箇命題斷定之而得結果。此即直接演繹外一種之推論法也。例如三段法之

「木非草……松爲木……故松非草」　及五段法之

「亞細亞人爲東洋人……中國人爲亞細亞人……江蘇人爲中國人……某爲江蘇人……故某爲東洋人」　是也。間接演繹法與直接演繹法之別。全在命題之數。直接演繹法。祇有二箇命題。故謂之假推論。間接演繹法至少須以三箇命題遞相聯絡而成。其間復有直接演繹所無之中名辭。如第一例中之「木」。第二例中之「亞細亞人」「中國人」「江蘇人」以爲媒助。故又謂之眞推論。而其可爲模範者。惟三箇立

定命題所成之三段法

乙　間接演繹法之種類　間接演繹法分正體變體兩類正體間接演繹法中祇有單式三段法即所謂單純完全推論蓋三段法之模範形式也變體間接演繹法中兼有略式三段法與複式三段法略式三段法即所謂單純不完全推論複式三段法又分完全不完全二種即所謂複合完全推論與複合不完全推論蓋三段法之盈縮形式也茲立表如左

- 間接演繹法
  - 正體間接演繹法……（單純完全推論）
  - 變體間接演繹法
    - 略式三段法……（單純不完全推論）
    - 複式
      - 完全三段法……（複合完全推論）
      - 不完全三段法……（複合不完全推論）

間接演繹法以關係相同之命題構成者謂之純粹三段法即純粹間接演繹法以關係不同之命題構成者謂之混成三段法即混成間接演繹法純粹三段法分立定、假設、選擇三種混成三段法亦分三種其以假設及立定命題構成者謂之假設立定三段法其以選擇及立定命題構成者謂之選擇立定三段法其以假設及選擇命題構成者謂之假設選擇三段法茲立表如左

- 單式三段法
  - 純粹間接演繹法
    - 立定三段法
    - 假設三段法
    - 選擇三段法
  - 混成間接演繹法
    - 假設立定三段法
    - 選擇立定三段法
    - 假設選擇三段法

（以上六種）單純完全推論

第二節　立定（定言）三段法

甲　立定三段法之構造　具有三箇立定命題而以二箇立定命題爲前提斷定其中所包之一箇立定命題者例如

凡丙爲乙……凡動物爲生物……前提
凡甲爲丙……凡馬爲動物……前提
故凡甲爲乙……故凡馬爲生物……斷案

一　構造之分解　茲舉前例，分解推論之構造。

（一）中名辭　如「動物」爲前提二命題中之共通成分。立於「馬」與「生物」之間而成媒介者。故又謂之媒辭。亦稱媒概念。

（二）小名辭　如「馬」爲斷定之主辭是也。又謂之小概念。

（三）大名辭　如「生物」爲斷定之賓辭是也。又謂之大概念。

（四）大前提　如「凡動物爲生物」爲前提中之一命題而大名辭與中名辭相比較者。

（五）小前提　如「凡馬爲動物」亦爲前提中之一命題而小名辭與中名辭相比較者。

（六）斷案　如「凡馬爲生物」爲斷定之新命題。而小名辭與大名辭相比較者。是也。觀此則三段法實因大前提小前提及斷案之三命題而成者。其中所含之大中小三名辭。各用二次。非此則三段法決難成立。

二　命題排列之順序　三段法因三命題而成。通常大前提在前。小前提次之。斷案在後。然大前提與小前提之位置。有時亦可以顚倒者。

乙　立定三段法之格與式

一　三段法之格　格之名。以中名辭之位置而生者也。（又謂之圖式）故其種類有四。

第一格　中名辭爲大前提之主部。與小前提之賓部者。

第二格　中名辭爲兩前提之賓部者。

第三格　中名辭爲兩前提之主部者。

第四格　中名辭爲大前提之賓部。與小前提之主部者。茲列圖如左。

	大前提	小前提	斷案
第一格	中—大	小—中	小—大
第二格	大—中	小—中	小—大
第三格	中—大	中—小	小—大
第四格	大—中	中—小	小—大

二　三段法之式　式之名。以論體中性質分量之異而生者也。例如

凡丙爲乙……（A）
凡甲爲丙……（A）
故凡甲爲乙……（A）

此爲AAA之式。又如

凡乙爲丙……（A）
凡甲非丙……（E）
故凡甲非乙……（E）

此爲AEE之式。今姑不論正否。悉數列之。凡得六十四種如左。

（一）以A爲大前提者。

AAA　AAE　AAI　AAO

AEA　AEE　AEI　AEO

AIA　AIE　AII　AIO

AOA　AOE　AOI　AOO

（二）以E爲大前提者。

EAA　EAE　EAI　EAO

EEA　EEE　EEI　EEO

EIA　EIE　EII　EIO

EOA　EOE　EOI　EOO

（三）以I爲大前提者。

IAA	IAE	IAI	IAO
IEA	IEE	IEI	IEO
IIA	IIE	III	IIO
IOA	IOE	IOI	IOO

(四) 以O爲大前提者。

OAA	OAE	OAI	OAO
OEA	OEE	OEI	OEO
OIA	OIE	OII	OIO
OOA	OOE	OOI	OOO

三 各格正當之式．謂不背於以上之通則者。

(一) 正當之前提 六十四箇論體中其前提共十六種。例如

AA AE AI AO EA EE EI EO

IA　IE　II　IO　OA　OE　OI　OO

是也。其間EE、EO、OE、OO、四者。背第五通則。II、IO、OI、三者。背第八通則。IE背第十通則。均以不適用而排除之。餘存正當之前提。凡八種如下。

AA　AE　AI　AO　EA　EI　IA　OA

(二)　正當之論式(論體)　前提正當。則論體亦正當。以實數言之。除五十三箇不合於通則外。其正當而適用者。僅餘十一箇如左。

AAA　AAI　AEE　AEO　AII　AOO

EAE　EAO　EIO　IAI　OAO

(一)　第一格之正當論式　從十一箇正當論體中。將背於第一特則之AEE、AEO、AOO、三者。及背於第二特則之IAI、OAO、二者。皆排除之。僅得左之六種。

AAA　AAI　AII　EAE　EAO　EIO

（二）　第二格之正當論式　從十一箇正當論體中。將背於第一特則之AAA、AAI、AII、IAI四者。及背於第二特則之OAO排除之。僅得六種如左。

AAI　AII　EAO　EIO　IAI　OAO

（三）　第三格之正當論式　從十一箇正當論體中。將背於第一特則之AEE、AEO及AOO者排除之。僅得六種如左。

AAI　AII　EAO　EIO　IAI　OAO

（四）　第四格之正當論式　從十一箇正當論體中。將背於第一特則之AII、AOO二者。及背於第二特則之AAA、AEA二者。幷背於第三特則之OAO者排除之。僅得六種如左。

AAI　AEE　AEO　EAO　EIO　IAI

（三）　正當立定三段法之表式　各格式於十一箇論體中。或取或捨。皆有六箇正當論體。總計之則凡二十四箇。今列表如左。

格式						
第一格式	AAA	(AAI)	AII	EAE	(EAO)	EIO
第二格式	AEE	(AEO)	AOO	EAE	(E　O)	EIO
第三格式	AAI	AII	EAO	EIO	I　I	OAO
第四格式	AAI	AEE	(AEO)	EAO	EIO	IAI

表中第一格式之AAI、EAO。第二格式之AEO、EAO。第四格式之AEO。均附括弧。謂之微弱三段法。亦謂之從屬論體。除此五箇外。餘十九箇皆爲正當三段法。就中第二格式。祇有E與O之否定判斷。第三格式。祇有I與O之特稱判斷。至第四格式。則更不能以A爲判斷。惟第一格式。能以A、E、I、O、四命題爲判斷。比於他格式爲優。且其名辭之位置極自然。並能直接適用有無法。故往時獨稱之爲完全格式。其他均稱爲不完全格式。

(四)　正當立定三段法之則例

第一格

（一）兩前提結合之形式

媒（肯）大	媒（否）大	媒（肯）大	媒（否）大
小（肯）媒	小（肯）媒	小（否）媒	小（否）媒
（天）	（地）	（元）	（黃）

（二）特別原則

第一 全部一致則部分亦一致

第二 全部分離則部分亦分離

（三）正當論式 從（天）式推之得「AAA」「AAI」「AII」三箇論式。從（地）式推之得「EAE」「EAO」「EIO」三箇論式其間除「AAI」「EAO」二箇微弱三段法不用外。（天）式之大前提「媒（肯）大」爲A。小前提「小（肯）媒」爲A或I。則「媒」之全部。契合（一致）於「大」。「小」之全部或一部契合於「媒」。故依特別第一原則。即知小之全部或一部。自與「大」之部分相契合。例如

（媒a大……A）……凡注重地方公益之人爲熱心愛國者

小a媒……A……凡教育家爲注重地方公益之人
小a大……A……故凡教育家爲熱心愛國者

此論式中之小概念必從屬於「大」以「小」從屬於「媒」「媒」又從屬於「大」故也。「媒」爲類爲普通者「小」爲種爲特殊者。「媒」既以全部從屬於「大」而契合則「小」自以全部從屬於「媒」者復全部從屬於「大」而亦爲契合所以參據特別第一原則斷案得爲全稱肯定茲爲圖如左。

(乾)

媒a大……A　凡迷信則害民智之進步
小I媒……I　或宗教迷信

（小I大……I（ 故或宗教害民智之進步

此以「媒」之全部從屬「大」而契合。故依特別第一原則。即知「小」以一部從屬於「媒」者。復從屬於「大」而契合。遂得特稱肯定斷案。爲圖如左。

(坎)

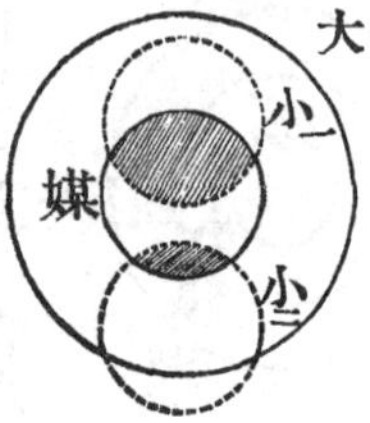

設（地式之大前提「媒（否）大」爲E。「小（肯）媒」爲A或I。則「媒」之全部與「大」之全部分離。「小」之全部或部分。爲媒之部分而契合。故依特別第二原則即知「小」之全部或部分。必與「大」之全部相分離。例如

（媒e大……E） 凡注重德育者不爲不規則之舉動
小A媒……A 凡學生注重德育者也

小e大……E……故凡學生不爲不規則之舉動

此以「小」所從屬之媒與「大」之全部分離。故「小」之全部。亦必與「大」之全部分離。而爲全稱否定斷案。列圖如左。

(艮)

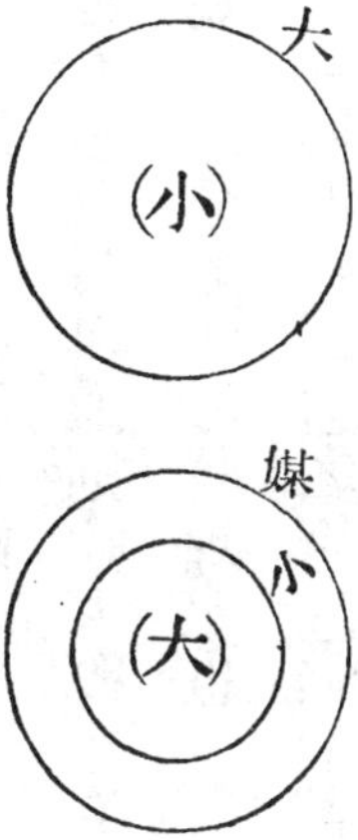

媒e大……E……凡學者不爲不名譽之舉動
小I媒……I……或人爲學者
小O大……O……故或人不爲不名譽之舉動

此以「小」所從屬之「媒」與「大」之全部分離。故「小」之部分。必與「大」之部分相分離。而爲特稱否定斷案。列圖如左。

(震)

至(元)式之小前提爲「小(否)媒」則「小」與「媒」分離。大前提爲「媒(肯)大」。則「媒」爲「大」之或部分而大不周延。故據推論經途之第二「甲乙二名辭一與丙一致他與丙不一致則甲乙二名辭互不一致」雖得否定斷案亦以前提不周延之名辭取而周延之。遂犯第四通則。致大概念有不當周延之誤。此所以小之於大或爲全部分離或爲一部分離而終難規定也。　(黃)式之大前提爲「媒(否)大」。小前提爲「小(否)媒」。據推理經途之第三無論何種斷案均不可得。　要之第一格之特則「大前提須全稱小前提須肯定」蓋「媒」居大前提之主部與小前提之賓部小前提肯定則「媒」之爲「小」從屬者既不周延。若大前提再爲特稱則「媒」之從屬於「大」者復不周延。是背第三通則。斷案必難正確。故不可以不全稱。顧大前提全稱矣而或小前提否定。則斷案之「大」必以否定之故。而至於周延。據第四通則。大前提之「大」。當先爲否定而周延之。果爾則兩前提俱爲否定。顯背第五通則。故不可以不肯定。

第二格

（一） 兩前提結合之形式

大（肯）媒 小（肯）媒 （宇）	大（否）媒 小（肯）媒 （宙）	大（肯）媒 小（否）媒 （洪）	大（否）媒 小（否）媒 （荒）

（二） 特別原則

第一 全部中之各部必不與其從全部分離者相契合

第二 從全部分離者亦必與全部中之各部相分離

（三） 正當論式 設（宙）式之「大（否）媒」爲E。「小（肯）媒」爲A或I。則「大」之全部。從「媒」之全部分離。「小」之全部或部分。爲「媒」之部分而契合。故從特別第一原則。即知「小」之全部或部分。不必與「大」相契合。例如

大e媒……E……凡勇者不怯
小a媒……A……凡不知義者怯
小e大……E……故凡不知義者非勇者

此以包含「小」全部之「媒」。與「大」之全部分離。故「小」即以「大」之分離於「媒」者。而與爲分離。以得全稱否定斷案圖見前（艮）。

大e媒……E……凡學者無放僻邪恣之行
小I媒……I……或人爲放僻邪恣之行
小o大……O……故或人非學者

此以包含「小」部分之「媒」。其全部與「大」之全部分離。故「小」之部分。必與「大」分離。而得特稱否定斷案圖見前（震）。

設洪式之「大（肯）媒」爲A。「小（否）媒」爲E或O。則外延上「大」爲「媒」之部分。而「小」之全部或部分。與「媒」之全部分離。故依特別原則第二。即知「小」之全部或部

分。必與「大」相分離。例如

大a媒…A）…凡眞文明人必注重普及教育
小e媒…E…凡貎爲熱心者不注重普及教育
小e大…E（…故凡貎爲熱心者非眞文明人

此以包含「大」全部之「媒」與「小」之全部分離。故「小」之全部。亦必與「大」之全部分離。而得全稱否定斷案圖見前(欵)。

大a媒…A）…凡道德家甚忌虛言
小o媒…O…多數之政治家不甚忌虛言
小o大…O（…故多數之政治家非道德家

此以包含「大」全部之「媒」與「小」之部分分離。故「小」之部分。亦必與「大」之全部相分離。而得特稱否定斷案。列圖如左。

（巽）

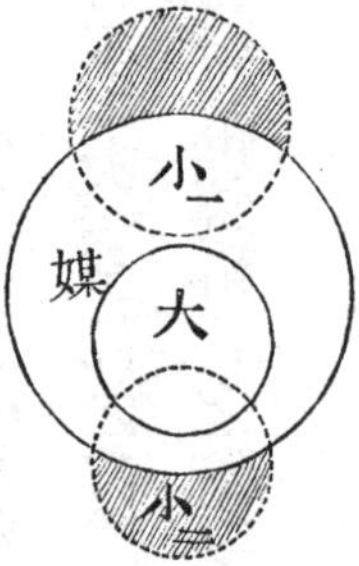

至（宇）式之兩前提皆肯定而賓部之「媒」一次不能周延。故不能確定斷案。（荒）式之兩前提皆否定。故同於第一格之（黃）式。亦不能確定斷案。 要之第二格之特則「大前提須全稱一前提須否定故大前提無不當周延之誤謬其理由詳於各格之特則中。茲不復贅。

第三格

（一） 兩前提結合之形式

媒（肯）大
媒（肯）小 }（日）

媒（否）大
媒（肯）小 }（月）

媒（肯）大
媒（否）小 }（盈）

媒（否）大
媒（否）小 }（昃）

（二）特別原則

第一　媒與小苟有一部契合者則媒與大及小之全部或一部與大至少亦必有一部相契合

第二　媒若以契合於小之部分與大分離則小之於大至少亦須有一部分相分離

（三）正當論式　此（日）式之前提俱爲肯定則「媒」之全部或部分自與「大」「小」相契合。故依特別原則第一。即知「小」與「大」至少亦必有一部分相契合。

例如

媒 a 大……A……凡正當防衞得誅戮敵人

媒 a 小……A……凡正當防衞在生命危險之時

小 I 大……I……故或在生命危險之時得誅戮敵人

此以「媒」之全部與「大」契合。故全部契合於「媒」之「小」。至少必有一部契合於

「大」。而得特稱肯定斷案。列圖如左。

（離）

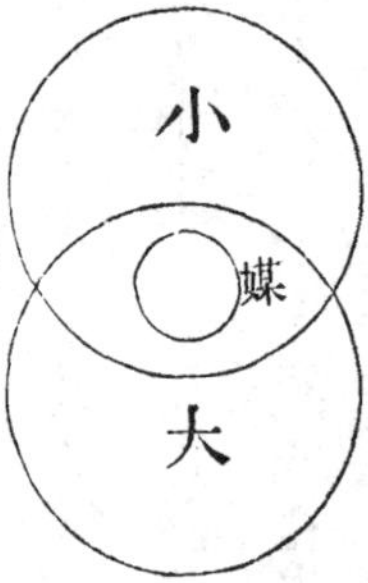

媒I大……I……或人民犯國法

媒a小……A……凡人民得依國法保護者

小I大……I……故或依國法保護者犯國法

此以「媒」之全部。與「小」之全部相契合。「大」之全部。與「媒」之一部相契合。故「小」之一部。得與「大」之全部相契合而爲特稱肯定斷案。列圖如左。

（坤）

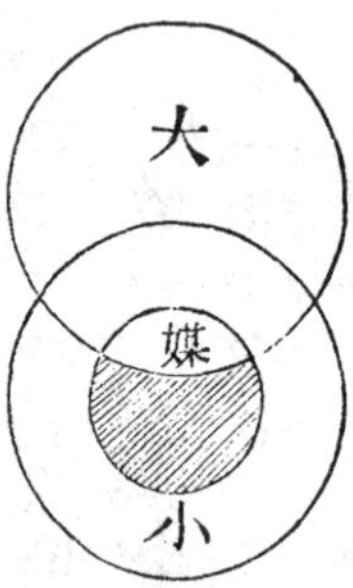

媒a大……A……凡害羣之小人可繩之以公理
媒I小……I……或害羣之小人能同流合汙
小I大……I……故或同流合汙者可繩之以公理

此以「媒」之全部。與「大」相契合。故「小」得以契合於「媒」之一部。契合於大。而爲特稱肯定斷案。(圖見前欵)。

設(月)式之兩前提。俱全稱。則「媒」之全部。卽爲「小」之部分。而與「大」分離。若一前提特稱。則「媒」之全部或一部。與「小」爲部分之契合。而仍與「大」分離。故依特別原則第二「小」必以「媒」之分離於「大」者。而與「大」爲同一部分之分離。例如

媒e大……E……凡眞學者不誇學識
媒a小……A……凡眞學者通實際事理
小o大……O……故或通實際事理者不誇學識

此因「小」部分中之「媒」與「大」。全然分離。故「小」即以「媒」所分離於「大」之部分。

而亦與「大」分離。以成特稱否定斷案。列圖如左。

（兌）

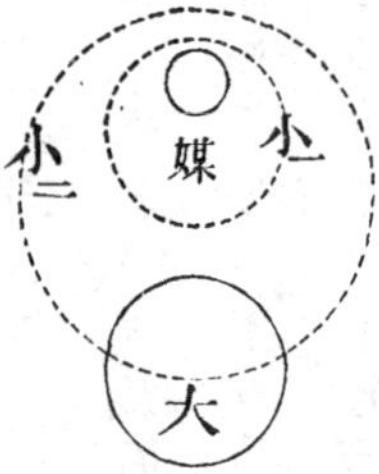

（媒o大…O）…惟爲奇拔之理想者不能實行

媒a小…A…凡爲奇拔之理想者喜人之有好奇心

（小o大…O）…故或喜人之有好奇心者不能實行

此因全部契合於「小」之「媒」。與「大」爲部分之分離。故「小」亦以一部分分離於「大」。而爲特稱否定斷案。圖見前坤）。

（媒e大…E）…凡冗長之詩文非動人興味者

媒i小…I…或冗長之詩文爲教科書

(——小∘大……O……)故或教科書非動人興味者

此因「媒」之全部分離於「大」而一部契合於「小」故「小」與「大」亦必有一部分分離而得特稱否定斷案圖見前（震）

（盈）式同於第一格（元）式之推理不能得正確斷案（昃）式亦不能得正確斷案要之此格之特則「小前提須肯定斷案須特稱兩前提至少須一次全稱」故小概念無不當周延之謬誤

第四格

（一）兩前提結合之形式

大（肯）媒
媒（肯）大 }（辰）

大（否）媒
媒（肯）小 }（宿）

大（肯）媒
媒（否）小 }（列）

大（否）媒
媒（否）小 }（張）

此格除（張）式不能得斷案外其他三式皆須轉換其主部賓部之位而後斷案之主部賓部立言乃順故在推理之經途中最不自然所以實際上用之者少惟大前題轉位

則變爲第三格。小前提轉位。則變爲第二格。故雖云不自然。尚成複合論式（直接推理與間結推理結合而成者）之趣在昔西紀第二世後半革賴努士創之。學者承用至今。茲就形式上立正當論式之特別原則如左。

（二）　特別原則

第一　大前提若肯定則小前提須全稱　否者媒概念無一次周延。

第二　一前提若否定則大全提須全稱　否者斷案否定時大概念有不當周延之謬誤。

（三）　正當論式（辰）式之前提。不爲「大a媒」與「媒a小」。必爲「大I媒」與「媒a小」。據特則「小前提肯定則斷案須特稱」云云。斷案應爲I命題。惟以立言不順。故將大前提轉位。即知「媒」之對「大」關係而成第三格論式如左。

第四 { 大a媒……A）
　　　媒a小……A

大前提轉位爲

第三 { 媒I大……I）
　　　媒a小……A

此原式尚可依第一格。先得「大I小」之斷案。

格
小I大…I

第四格
大I媒…I
媒a小…A
小I大…I

大前提轉位爲

格
小I大…I

再以轉位歸結之。

第三格
媒I大…I
媒a小…A
小I大…I

此原式亦可依第一格。先得(大—小)之斷案。再以轉位歸結之。

(宿)式之前提。不爲「大e媒」與「媒a小」。必爲「大e媒」與「媒I小」。據原則「小前提肯定則斷案須特稱」。通則「一前提否定則斷案亦須否定」云云。斷案應爲O命題。惟以立言不順。故將小前提轉位。即知「小」之對「媒」關係。而成第二格論式如左。

第四格
大e媒…E
媒a小…A
小o大…O

小前提轉位爲

第二格
大e媒…E
小I媒…I
小o大…O

此原式由大前提轉位。即成第三格論式。

第四
大e媒…E
媒I小…I

小前提轉位爲

第二
大e媒…E
小I媒…I

此原式由大前提轉位。亦成第三格

格（小o大…O）

格（小o大…O）

論式。

（列）式之前提。爲「大a媒」與「媒e小」。據通則「一前提否定則斷案亦須否定」且以兩前提皆全稱。故斷案應爲e命題。惟因立言不順。將小前提轉位。即知「小」之對「媒」關係。而成第二格論式。例如

第四格（大a媒…A　媒e小…E　小e大…E）　小前提轉位爲　第二格（大a媒…A　小e媒…E　小e大…E）

此原式亦可依第一格。先得（大－小）之斷案。再以轉位歸結之。

四　諸格之價值

第一格。凡EIO各斷案。皆能直下。而第一式尤能以A爲斷案。於立言最便利。而最重要。蓋實三段法之模範。故學者稱爲正格。其他三式則曰變格云。

第二格　其斷案限於否定。故在此物與彼物區別於同一事實之有無時。用之爲宜。例如

凡酸性物遇立脫麥斯則呈赤色
此液遇立脫麥斯不呈赤色
故此液非酸性物

第三格　其斷案限於特稱。故在取一孤證以破全稱之立言。時用之爲宜。

例如

凡鈉較水輕
凡鈉爲金屬
故或金屬較水輕

第四格　其前提無特稱否定。斷案無全稱肯定。故此格雖可取以立言。惟便利殊少。當改造他格用之。

丙　立定三段法之諸法則

一　立定三段法之公理　舉其法則之最簡明者。

（一）規定推論之經途者　以媒概念爲主賓兩概念之基礎而互相比較之爲肯定及否定斷案規定之經途此法今皆承用之茲詳述如左。

（一）公理之種類　凡三

第一公理　甲乙兩名辭與丙名辭（媒辭）一致則甲乙兩名辭亦互相一致。

第二公理　甲乙兩名辭與丙名辭一爲一致他爲不一致則甲乙兩名辭亦互不一致。

第三公理　甲乙兩名辭與丙名辭均不一致則甲乙兩名辭或爲一致或爲不一致。

（二）公理之解釋　以簡明之數量解釋之

第一公理之解釋　設以丙爲一〇〇。甲乙既與之一致故各爲一〇〇。此據思想原理之同一律蓋爲判斷之肯定者。

第二公理之解釋　設以丙爲一〇〇。甲乙中一與之一致而爲一〇〇。他與之不一致。則或爲一二〇〇。或爲八〇〇。而不能爲一〇〇。故甲與乙亦不同數量。而互不一致。此據思想原理之矛盾律。蓋爲判斷之否定者。

第三公理之解釋　設以丙爲一〇〇。甲乙與之皆不一致。而不能爲一〇〇。其一以甲乙同數量。如甲乙均一二〇〇。而不能與丙相一致。其他以甲乙異數量。如甲一二〇〇。乙八〇〇。而不能與丙相一致。故甲乙與丙苟不一致。則甲乙之一致與否。於事實上不能一定。此據思想原理之排中律。爲判斷之難於抽出者。要之與第一第二公理。皆可應用於三段法中。

（二）　規定推理之本質者　此以概念內容之性質。有普通原理。故應用於特殊事實。而得必然且正確之斷案。即所謂遍有遍無則也。簡稱之則曰有無則。茲詳述如左。

凡此概念之含於他概念中者。即含於能含他概念之彼概念中。設他概念不爲彼概

念所含則他概念所含之此概念亦不爲彼概念所含故凡他概念所關係之彼此兩概念均得以他概念之所一致不一致者肯定或否定之

此亦三段法中之一般公理。惟據第一圖式之論體。如「人爲動物。……我爲人。……故我爲動物」云云得爲適當之法則。若對於他種圖式之論體。恒不能直接應用故今已概置之。

二　立定三段法之通則　此則對於三段法之正否。益能直接推知。故次公理之後。分爲本則及副則二種。

（一）本則

（一）關於推論之成分者

第一通則　推論須三箇名辭而成立

第二通則　推論須三箇命題而成立

（二）關於名辭之分量者

第三通則　中名辭至少須一次周延

第四通則　前提不周延之名辭不可周延於斷案中

（三）　關於命題之性質者

第五通則　前提中至少須一方肯定

第六通則　一前提否定則斷案亦須否定

第七通則　二前提皆肯定則斷案亦須肯定

（二）　副則

第八通則　前提中至少須一方全稱

第九通則　一前提特稱則斷案亦須特稱

第十通則　大前提特稱小前提否定則斷案不可得

（三）　各則之說明

第一第二通則之說明　此第一第二通則。不過敘出事實而已。惟違反第一通則。則有四名辭之謬誤。

第三通則之說明　中名辭苟二回皆不周延。則爲不正當之三段法。蓋中名辭卽公理中之兩名辭。所以示大小兩名辭關係之媒介語也。若大前提中。以其一部分與大名辭比較。小前提中以其又一部分與小名辭比較。則無一定標準。確示大小兩名辭之關係。卽不得爲嚴格上之中名辭。是皆不周延之謬誤也。茲以實例證之。

或友人爲商人
某爲友人
故某爲商人

凡松爲植物
凡梅爲植物
故凡梅爲松

此爲謬誤之實據。故中名辭須一回周延。例如

凡動物爲生物
凡魚類爲動物
故凡魚類爲生物

此則大前提中之凡動物與生物之一部分相一致。小前提中之凡魚類與凡動物之一部分相一致。故此「動物」之名辭明以同一部分之意義用於兩前提中介在大小兩名辭中間以爲標準而具有中名辭之資格者也。

第四通則之說明　蓋違此則破壞演繹法根本性質之重要規則必生二種謬誤。

其一　大名辭不當周延之謬誤

凡石可轉物也
吾心非石
故吾心非可轉物

其二　小名辭不當周延之謬誤

凡馬非人

凡人非動物

故凡動物非馬

第五通則之說明　此卽第三公理之變形蓋大名辭與中名辭不一致則大前提爲否定小名辭與中名辭不一致則小前提爲否定既以二箇否定命題爲前提則小名辭與大名辭所關之正當命題無由而成

第六通則之說明　此卽第二公理之變形

第七通則之說明　此卽第一公理之變形其餘第五第六第七通則他書多有不設者

第八通則之說明　蓋以二箇之特稱命題爲前提則正當之斷案均不能得而有特稱兩前提之謬誤茲詳說如左

其一　二前提共爲特稱否定者　此背第五通則。故不能得斷案。

其二　二前提共爲特稱肯定者　此以前提中無一周延名辭。故中名辭亦不能一次周延。而背第三通則。

其三　前提中一爲特稱肯定一爲特稱否定者　其前提中有一箇周延名辭。據第三通則。當爲中名辭。惟前提之一方否定。則據第六通則。其斷案亦須否定。而賓部之大名辭周延。律以第四通則。仍爲反背。

第九通則之說明

其一　二前提皆否定而其一爲特稱者　據第五通則。不能得正當之斷案。

其二　二前提皆肯定而其一爲特稱者　其前提中有一箇周延名辭。據第三通則。當爲中名辭。而其一爲不周延名辭。惟以二前提皆肯定。故據第七通則。斷案亦須肯定。以成特稱肯定命題。否則背第四通則。

其三　前提中一爲肯定一爲否定而其一爲特稱者　其前提中一爲O命題。則他爲A命題。一爲E命題。則他爲I命題。要皆有二箇周延名辭。其一據第三通則。當爲中名辭。則於斷案中僅有一箇周延名辭。惟前提一方否定。故依第六通則。斷案亦須否定。而周延名辭。當在賓部。以成特稱否定命題。否則背第四通則。

第十通則之說明　蓋大前提特稱而爲O命題。則與小前提同爲否定。卽犯第五通則。大前提而爲I命題。則以不周延之大名辭周延於否定斷案中。卽犯第四通則。此斷案之所以不能正當也。

三　各格之特則（特徵）

第一格之特則

第一特則　小前提須肯定

第二特則　大前提須全稱

蓋小前提否定。則有大名辭不當周延之謬誤。故必依第一特則而肯定。大前提特稱。則陷於中名辭不周延之謬誤。故必依第二特則全稱。此蓋本於包攝作用以立斷案者。詳言之。則大前提表示全部關係。(一般眞理、卽原理)、小前提則以此適用於特殊事實而成斷案者也。例如「凡驕者不久卽滅。某爲驕者。故某不久卽滅」是已。

第二格之特則

第一特則　一前提須否定

第二特則　大前提須全稱

蓋二前提皆肯定。則陷於中名辭不周延之謬誤。故依第一特則而一方否定。同時斷案亦須否定。大前提特稱。則陷於大名辭不當周延之謬誤。故依第二特則而全稱。此蓋以中名辭爲比較標準。列於兩前提之賓部而分別特殊事實之有無。故爲對比作用之推理。例如「凡神爲全知全能。人非全知全能。故人非神」云云。全知全能爲特殊事實。有之則爲神。無之則爲人。此所以爲比較之標準而得人非神之斷案。

第三格之特則

第一特則　小前提須肯定

第二特則　斷案須特稱

蓋小前提否定則大名辭陷於不當周延之謬誤故須肯定斷案全稱則小名辭陷於不當周延之謬誤故須特稱此雖爲引例作用之推理然實際上亦得以特殊眞理爲證據而論破矛盾對當之全稱命題例如「水銀非固體水銀爲金屬故或金屬非固體」云云是舉水銀之例以論破「凡金屬爲固體」之命題是已

第四格之特則

第一特則　大前提肯定則小前提須全稱

第二特則　小前提肯定則斷案須特稱

第三特則　一前提否定則大前提須全稱

蓋大前提肯定而小前提特稱則中名辭陷於不周延之謬誤故依第一特則應爲全稱小前提肯定而斷案全稱則小名辭陷於不周延之謬誤故依第二特則應爲特稱前提一方否定斷案亦須否定若大前提特稱則大名辭陷於不當周延之謬誤故依

第三特則應爲全稱。

丁　立定三段法之改造　蓋因實際上之必要。與學問上之興味。以同一斷定。變更此格式之正當論體。作爲他格式之正當論體也。惟此就廣義之改造言之。至狹義則惟以不完全圖式之論體。直接使用有無法。改爲第一格式之完全論體。以驗其正否而已。茲分二類如左。

一　直接改造

(一)　改造之根據

(二)　根據於轉位法者　上以前提中名辭位置之異區別格爲四種。其間或有不正當之論式。則一前提或二前提轉位以改造之。例如第二格式中EAE之大前提。施轉位法。則改造爲第一格式之EAE是也。

(二)　根據於抽出法者　改造複雜時。則以抽出法代轉位法。亦得相同之目的。

（三）　根據於前提之位置轉換者　例如第四格式之中名辭在大前提之賓部。與小前提之主部。今改置大前提之主部。與小前提之賓部。則變爲第一格式是也。

（四）　根據於諸方法之倂用者　改造至複雜時。則可倂用以上諸方法。

（二）　改造之諸例

（一）　前提施轉位法者　例如第三格之AII式。改造爲第一格之AII式。則小前提應施轉位法。

原三段法
- 中—大（A）
- 中—小（I）
- 小—大（I）

新三段法
- 中—大（A）
- 小—中（I）
- 小—大（I）

（二）　兩前提施轉位法者　例如第三格之EAO式。改造爲第二格之EIO式。則大小兩前提。應俱施轉位法。

原三段法	新三段法
中—大(E)	大—中(E)
中—小(A)	小—中(I)
小—大(O)	小—大(O)

(三)　前提之一方施變性法而他方施複式抽出法者　例如第二格之AOO式。改造爲第四格之EIO式。則大前提應施變性法而小前提應施複式抽出法。(換質位法)

原三段法	新三段法
大—中(A)	大—非中(E)
小—中(O)	非中—小(I)
小—大(O)	小—大(O)

(四)　大小兩前提施複式抽出法者　例如第二格之AOO式。改造爲第三格之EIO式。則大小兩前提應施複式抽出法。(變性轉位法)

大—中(A)	非中—大(E)

原三段法
- 小—中（O）
- 小—大（O）

新三段法
- 非中—小（I）
- 小——大（O）

（五）　前提之位置轉換者　例如第四格之AEE式改造為第一格之EAE式。則應轉換其大前提與小前提之位置。

原三段法
- 大—中（A）
- 中—小（E）
- 小—大（E）

新三段法
- 中—小（E）
- 大—中（A）
- 大—小（E）

此時新命題當更施轉位法。

（六）　前提之位置轉換後再施轉位法者　例如第三格之IAI式。改造為第一格之AII式。則應轉大前提為小前提。而再施單純轉位法。

原三段法
- 中—大（I）
- 中—小（A）

新三段法
- 中—小（A）
- 大—中（I）

小—大(I)
大—小(I)

此時新命題當更施轉位法。

（七）　前提之位置轉換後再施複式抽出法者　例如第三格之OAO式。轉換其大小兩前提之位置。而施複式抽出法。(換質位法)則變爲第二格之EIO式。若更施他種複式抽出法。(換質位兼換質法)則又變爲第二格之AOO式。

原三段法	新三段法
中—大(O)	非小—中(E)
中—小(A)	非大—中(I)
小—大(O)	非大—非小(O)

此時命題當更施複式抽出法。(換質換位及換質法)其他可以類推。

二　間接改造　蓋假定原三段法斷案之不正當。則以矛盾對當之命題。與其前提之一。作爲完全格式。表示其新斷定之不正當。而證明原三段法之正當法也。此法祇用於第二格之AOO式。及第三格之OAO式。例如

凡大爲中……A
或小非中……O
故或小非大…O

此係第二格式。假定斷案中「或小非大」之O命題爲僞。則與此矛盾之A命題「凡小爲大」。據對當法不可不以爲眞。今以此爲小前提。而大前提一仍其舊。則得AAA之完全格式如左。

凡大爲中……A
凡小爲大……A
故凡小爲中……A

此斷定惟大前提仍舊。無可置議。餘如A命題「凡小爲中」。與原有之O命題「或小非中」。因矛盾而不正當。A命題「凡小爲大」。因易斷案爲小前提而不正當。夫新三段法既多所不正當。則原三段法之斷案「或小非大」。自必正當可用。觀此則間接改造之最後目的。在以不完全格式。與完全格式相關係。而味其正否。故名雖改造。實則僅以他推論爲比較。於實際無甚緊要。他若OAO論式。亦同此義。

第三節　假設(假言)三段法

甲　單純假設三段法　一稱全假言推論式。蓋由三箇假設命題所成立之三段法也。詳列形式如左。

(一)　構成體　大前題之前件後件。均爲小前提與斷案所承認者。

(二)　肯定的肯定式

若甲爲乙則丙爲丁……若海軍强大則可以分世界之海權

若戊爲己則甲爲乙……若中國主積極政策則海軍强大

故若戊爲己則丙爲丁……故若中國主積極政策則可以分世界之海權

此與立定三段法第一式相當。

(二)　否定的肯定式

若爲丙則爲甲……若法令嚴明則强者無所肆其欺陵
若爲丙則非乙……若法令嚴明則不令懦夫失保護之特權
故若非乙則爲甲……故若不令懦夫失保護之特權則强者無所肆其欺陵

此與立定三段法之第三格式相同。

（二）　破壞體　大前提之前件後件。爲小前提與斷案所否認者。

（一）　肯定的否定式

若爲甲則爲丙……若勇者能行事果敢
若爲乙則爲丙……彼若憚而躊躇則不能行事果敢
故若爲乙則爲甲……故彼若憚而躊躇則非勇者

此與立定三段法之第二格式相同。

（二）　否定的否定式

若爲甲則爲丙……若有暴風雨之兆則生低氣壓

若爲丙則爲乙……若生低氣壓則晴雨計之水銀柱降下

故若非乙則非甲……故若晴雨計之水銀柱不降下則無暴風雨之兆

此與立定三段法之第四格式相同。

乙　混成假設三段法　通稱假設三段法。亦稱假設立定三段法。或名雜言三段法。要皆指大前提爲假設命題而以小前提及斷案爲立定命題者。茲分兩種如左。

一　無中名辭者　蓋以第一前提之前件後件。分爲第二前提及斷案者。

(一)　形式

(二)　構成體　蓋第二前提與斷案承認第一前提之前件及後件者。例如

若甲爲乙則丙爲丁……若彼地有熱心教育之人則應多私立學堂

甲爲乙……彼地有熱心教育之人

故丙爲丁……故多私立學堂

此以第二前提承認第一前提前件之是而斷案承認第一前提後件之是者。

若甲爲乙則丙非丁……若彼爲熱心教育者必不至破壞學堂
甲爲乙……………彼爲熱心教育者
故丙非丁…………故必不至破壞學堂

此以第二前提承認第一前提前件之是而斷案承認後件之非者。

（二）　破壞體　蓋第二前提與斷案否認第一前提之前件或後件者。例如
若甲非乙則丙爲丁……若彼處無盜賊則人民可夜不閉戶
甲爲乙……………彼處有盜賊
故丙非丁…………故人民不能夜不閉戶

此以第二前提否認第一前提前件之非而斷案否認第一前提後件之是者。

（三）　似是而非之構成體　例如
若甲非乙則丙非丁……彼若非暴飲大食則不至於釀病
甲非乙……………彼非暴飲大食

故丙非丁……………故不至於釀病

此則第一前提之前件。爲第二前提所承認而仍與否定之。其後件爲斷案所承認而亦仍與否定之。揆諸事實。凡淫慾外感。及勞動失節。皆能爲釀病之理由。若第二前提。否定暴飲大食。而斷案亦遂否定釀病。幾若暴飲大食之外。無一足以釀病者。豈得盡爲正當。此其所以爲不可而致遭拒斥也。

若甲爲乙則丙爲丁

丙爲丁

故甲爲乙

此以第一前提之後件。承認而與爲肯定。於第二前提中。其前件則承認而與爲肯定於斷案中。約制者反爲被約制者。因果倒置。將無可據之理由。而不免於妄斷。此其所以爲不正當而亦被拒斥也。

(四) 似是而非之破壞體 例如

若甲爲乙則丙爲丁

甲非乙

故丙非丁

此則第一前提之前件。爲第二前提所反對而否定之。其後件爲斷案所反對而否定之。據前例爲不正當。故被拒斥。

若甲非乙則丙非丁

丙爲丁

故甲爲乙

此以第一前提之後件。在第二前提中。而前件反在斷案中。故於例亦爲不正當而被拒斥。

（二）　規則　假言命題之前件。當具約制後件之理由。故此推論中。以充足律爲根據。比於他推論。特有直接關係。茲列規則如左。

第一則　第一前提之前件肯定於第二前提中則後件自必肯定於斷案中惟因後件肯定而前件轉不能容其肯定

第二則　第一前提之後件否定於第二前提中則前件自必否定於斷案中惟因前件否定而後件轉不能容其否定

此第一則之前段及第二則之後段當於第一格式中「小前提須肯定」之第一特則此第二特則之前段及第一特則之後段當於第二格式中「前提須否定」之第一特則會而通之是在學者

二　有中名辭者　例如

若爲丙則爲甲……學生之恪守校規者當爲管理員所獎勵
乙爲丙……彼爲學生之恪守校規者
故乙爲甲……故當爲管理員所獎勵

設爲丙則爲甲……學生恪守校規者當爲管理員所獎勵

乙非丙……彼非學生之恪守校規者
故乙非甲……故彼不當爲管理員所獎勵

丙

一　假設三段法之改造

一　構成體改造爲破壞體　其第一前提用複式抽出法。

構成體
若甲爲乙則丙爲丁
甲爲乙
故丙爲丁

改造爲　破壞體
若甲非乙則丙非丁
甲爲乙
故丙爲丁

二　破壞體改造爲構成體　理與前同。

三　單純假設三段法改造爲立定三段法

原三段法
若爲乙則爲甲……若勸學員謀普及方法則地方多私立學堂
若爲丙則爲乙……若學部實行强迫教育則勸學員謀普及方法
故若爲丙則爲甲……故若學部實行强迫教育則地方多私立學堂

新三段法

爲乙則爲甲……勸學員謀普及方法則地方多私立學堂
爲丙則爲乙……學部實行强迫敎育則勸學員謀普及方法
故爲丙則爲甲……故學部實行强迫敎育則地方多私立學堂

此卽定言三段法之第一格式。

原三段法

如爲甲則爲丙……若爲愛國之志士當提倡武士道
如爲乙則爲丙……彼若戰敗而生還則非提倡武士道者
故如爲乙則爲甲……故彼若戰敗而生還則不得爲愛國之志士

新三段法

爲甲則爲丙……爲愛國之志士當提倡武士道
爲乙則爲丙……彼戰敗而生還非提倡武士道者
故爲乙則爲甲……故彼戰敗而生還不得爲愛國之志士

此卽定言三段法之第二格式。

使爲丙則爲甲……彼若有忠肝義膽則可救同胞之急難

原三段法
使爲丙則爲乙……彼若有忠肝義膽則應屏除私見
故使爲乙則爲甲……故彼若屏除私見則可救同胞之急難

新三段法
爲丙則爲甲……彼有忠肝義膽則可救同胞之急難
爲丙則爲乙……彼有忠肝義膽則屏除私見
故爲乙則爲甲……故彼屏除私見則可救同胞之急難

此卽定言三段法之第三格式。

四　混成假設三段法改造爲立定三段法

原三段法
若甲爲乙則丙爲丁……彼若有罪則行政官可以法律懲之
甲爲乙……彼有罪
故丙爲丁……故行政官可以法律懲之

新三段法
甲爲乙則丙爲丁……彼有罪則行政官可以法律懲之
甲爲乙……彼有罪

故丙爲丁……故行政官可以法律懲之

此以構造體改成者。

原三段法
若甲非乙則丙爲丁
甲爲乙
故丙非丁

新三段法
甲非乙則丙爲丁
甲爲乙
故丙非乙

此以破壞體改成者。

第四節　選擇（選言）三段法

甲　單純選擇三段法　蓋由選擇命題所成立之三段法也。此選擇命題之一面既爲肯定。他面又爲否定。且其三段法中之中名辭。亦復與他名辭相矛盾。故凡關於命題性質之各法則。頗難適用。茲列序如左。

一　形式　此推論因實例稀少。故不甚緊要。茲示形式如左。

甲爲乙耶又爲丙耶

甲非乙耶又爲丁耶

故甲爲丙耶又爲丁耶

二　說明　將上所列之推論中各選擇命題。改爲假設命題。故施左之分解合併各法詳述。

(一)　分解

第一　以大前提爲假設命題　凡四種

(一)　若甲非乙則爲丙

(二)　若甲非丙則爲乙

(三)　若甲爲乙則非丙

(四) 若甲爲丙則非乙

第二 以小前提爲假設命題 凡四種

(五) 若甲爲乙(非非乙)則爲丁

(六) 若甲非丁則非乙

(七) 若甲非乙則非丁

(八) 若甲爲丁則爲乙(非非乙)

(二) 合併 以二次分解之八箇假設命題并合之則得四箇假設命題如左。

(一) 若甲非丙則爲丁

(二) 若甲非丁則爲丙

(三) 若甲爲丙則非丁

(四) 若甲爲丁則非丙

此四箇假設命題。卽前所舉「甲爲丙耶又爲丁耶」之選擇命題中發展而出者。知此則知單純選擇三段法之所以正當矣。

（三）改造　以純粹選擇三段法之各命題爲假設命題再變而成單純假設三段法前既詳述之矣。若再施立定三段法之諸法。即可改爲立定三段法。蓋其次第如此。

乙　混成選擇三段法　其推論以第一前提爲選擇命題。而以第二前提及斷案爲立定命題者。

一　混成選擇三段法之種類

（一）破壞構成體　一稱否定的肯定式。又謂之構成的選言推論式。蓋以大前提賓辭之一。否定於小前提中。又其一則肯定於斷案中者。例如左。

（二）
甲爲乙耶爲丙耶……某爲安徽人耶爲江蘇人耶
甲非乙……………某非安徽人
故甲爲丙……………故某爲江蘇人

甲爲乙耶爲丙耶……某爲安徽人耶爲江蘇人耶
（二）甲非丙……某非江蘇人
故甲爲乙……故某爲安徽人

（二）構成破壞體　一稱肯定的否定式。又謂之破壞的選言推論式。蓋以大前提賓辭之一。肯定於小前提中。又其一則否定於斷案中者。此體或不爲學者所承認。祇以選擇命題之意見不同。特爲此異說耳。實則假設命題中含有「（一）若甲非乙則爲丙（二）若甲非丙則爲乙（三）若甲爲乙則非丙（四）若甲爲丙則非乙」四義。破壞構成體。既選用其前二義。則構成破壞體自可選用其後義。茲示形式如左。

甲爲乙耶爲丙耶……某爲安徽人耶爲江蘇人耶
（三）甲爲乙……某爲安徽人
故甲非丙……故某非江蘇人

甲爲乙耶爲丙耶……某爲安徽人耶爲江蘇人耶

（四）甲爲丙……………某爲江蘇人
故甲非乙……………故某非安徽人

二　混成選擇三段法之規則　此爲大前提之爲選擇命題者而設。若小前提或斷案亦爲選擇命題。均須不背此兩規則。

第一則　以大前提內選擇肢之一否定於小前提中其他則須肯定於斷案中

第二則　以大前提內選擇肢之一肯定於小前提中其他則須否定於斷案中

破壞構成體。因第一則而成立。構成破壞體。因第二則而成立。學者以否認此構成破壞體。遂否認此第二則。然亦因選擇命題意見之不同。而畧爲異說而已。

三　混成選擇三段法之改造　選擇命題因關係變更法而得爲假設命題。故混成選擇三段法。亦得改造爲混成假設三段法。

丙　廣義之選擇三段法

（一）小前提無取舍大前提賓辭之性質者　此亦能形成四箇格式上正當之

論體。例如

甲爲乙耶爲丙耶……甲爲X（乙與丙之一）
丁爲甲…………丁爲甲
故丁爲乙或爲丙……故丁爲X

甲爲乙耶爲丙耶……甲爲X（乙與丙之一）
甲爲丁…………甲爲丁
故或丁爲乙與丙……故或丁爲X

（二）大前提具複雜之選擇命題者　此選擇命題。有三箇以上之賓辭爲大前提。例如

甲爲乙耶丙耶丁耶抑戊耶
甲非乙丙與丁
故甲爲戊

甲爲乙耶丙耶丁耶抑戊耶
甲爲乙
故甲非丙丁與戊

（三）小前提及斷案中有選擇命題者　此在混成選擇三段法中。愈形廣義。然亦有正當之推論。例如

甲爲乙耶丙耶丁耶抑戊耶
甲爲乙耶丙耶或丁也
故甲非戊

甲爲乙耶丙耶丁耶抑戊耶
甲非乙
故甲爲丙耶丁耶或戊也

丁　似是而非之選擇三段法　此則不正當而陷於謬誤者。

甲爲乙耶丙耶丁耶抑戊耶
甲爲乙
故甲非丙耶丁耶抑戊耶

甲爲乙耶丙耶丁耶戊耶
甲非乙耶丙耶丁耶
故甲爲戊

第五節　假設選擇三段法

甲　假設選擇三段法之定義　此三段法之推論。以假設命題爲大前提。而再以立定選擇命題爲小前提者也。若假設命題之前件後件有兩箇者。謂之二重體。三箇者。謂之三重體。四箇者。謂之四重體。四箇以上者。謂之多重體。茲以二重體代表假言選言三段法而專論之。即構成體及破壞體是也。構成體以大前提中二箇前件選擇肯定於小前提中。破壞體以大前提中二箇後件選擇否定於小前提中。兩者均有單純與複雜之別。茲列序如左。

乙　假設選擇三段法之形式

一　單純構成體

若甲爲乙又戊爲己則丙爲丁

甲爲乙耶又戊爲己耶

故丙爲丁

二　單純破壞體　學者以二重體解釋之異。或有否認此體者。然既認單純構成體。則此體亦全與同理。故不得不連類而承認之。例如

若甲爲乙則丙爲丁又戊爲己

丙非丁耶又戊非己耶

故甲非乙

三　複雜構成體

若甲爲乙則丙爲丁又戊爲己則庚爲辛
甲爲乙耶又戊爲己耶
故丙爲丁耶又庚爲辛耶
彼若明於教育而放棄一方學務則爲無責任之庸流彼若雄於勢力而放棄一方學務則爲無知識之土豪
彼果明於教育而放棄一方學務耶抑雄於勢力而放棄一方學務耶
故彼爲無責任之庸流耶抑爲無知識之土豪耶

四　複雜破壞體

若甲爲乙則丙爲丁又戊爲己則庚爲辛
丙非丁耶又庚非辛耶
故甲非乙耶又戊非己耶

五　複雜構成三重體

若甲爲乙則丙爲丁若戊爲己則庚爲辛若壬爲癸則子爲丑
甲爲乙耶戊爲己耶抑壬爲癸耶
故丙爲丁耶庚爲辛耶抑子爲丑耶

六　似是而非者　二重體較他推論爲複雜。故似是而非者。往往而有。例如

若甲爲乙則丙爲丁耶抑戊爲己耶
丙非丁耶抑戊非己耶
故甲非乙

若甲爲乙耶戊爲己耶則丙爲丁耶抑庚爲辛耶
丙非丁庚非辛
故甲非乙耶抑戊非己耶

丙　假設選擇三段法之規則　二重體必以小前提爲選擇命題。構造較形複雜。故據混成假說三段法規則再加二重體定義之要辭乃能自成規則然此惟形式上遵

守之。若資料上則別有規則如左。

大前提之前件與後件既於因果上須有確實關係又於問題中須具不容欠缺之事實。若違反此規則而惟取便於口說則在我不過爲詭辯。而在人亦不免爲駁論。茲舉左之二例。

一　詭辯　蓋形如二重體。而後件不能備舉事實者。彼雅典婦人。曾戒其子入公共生活而用之。

汝若光明磊落而行事則衆必疾汝若不光明磊落而行事則神必疾汝

汝果光明磊落而行事耶抑非耶

故汝爲衆所疾耶抑爲神所疾耶兩者必居其一

二　駁論　設爲抗辯雅典婦人之辭如左。

我若光明磊落而行事則神必愛我我若不光明磊落而行事則衆必愛我

我果光明磊落而行事耶抑非耶

故我爲神所愛耶抑爲衆所愛耶兩者必居其一
此大前提之前件與後件。於因果無確實關係。以「不光明磊落而行事。」不能爲「衆將愛我」之根據故也。卽後件亦多欠缺之事實。蓋光明磊落而行事。則有德者愛之。有識者亦愛之。豈特一神。知此則知與前例同犯規則矣。

丁　假設選擇三段法之改造　其以構成體與破壞體互爲改造。視混成假說三段法殊同。茲舉二重體爲例如左。

一　單純破壞體改造爲單純構成體

單純破壞體
- 若甲爲乙則丙爲丁又戊爲己
- 丙非丁耶又戊非己耶
- 故甲非乙

用複式抽出法改造爲

單純構成體
- 若丙非丁則甲非乙又戊非己則甲非乙
- 丙非丁耶又戊非己耶

「故甲非乙

二 單純構成體改造爲單純破壞體 例不贅

三 假說選擇三段法改造爲立定三段法 假說選擇三段法。即複雜之混成假說三段法。混成假設三段法。既可改造爲立定三段法。故此亦得而改造之。

第六節 三段法之省略及複合論式

三段法之前提有二箇者。謂之單純論式。有二箇以上者。謂之複合論式。然皆有完全不完全之別。故三段法應分四種。

甲 單純不完全論式 一稱略式。又謂之省略體。蓋三段法乃完全之間接演繹法。在論理學中。最爲重要。然施諸實際辯論。轉覺迂緩冗長。而難於動聽。此省略式之所以成立也。茲詳論如左。

（一）省略體之種類

（一）定言三段法之省略體 凡三

第一種　大前提省略者　蓋大前提概爲普通事實。人皆明白易曉。故省略之以歸簡約。例如

甲爲丙……牛爲食草動物

故甲爲乙……故牛有臼齒

此蓋省略「凡食草動物有臼齒」之大前提者。若補充之。則爲完全三段法。即第一格式之AAA也。

第二種　小前提之省略　蓋小前提概示特殊事物立論者。必默識於心。故亦可省略之。

丙爲乙……凡人不能無過

故甲爲乙……故聖人不能無過

此蓋省略「聖人亦人也」之小前提者。

第三種　斷案省略體　此以兩前提既具。雖不用斷案。而事實之歸結自

明。故亦可省略之。

丙爲乙……凡人不能無過

甲爲丙……聖人亦人也

此蓋省略「故聖人不能無過」之斷案者。

（二） 假設三段法之省略體

第一種 大前提省略體

（若甲爲乙則丙爲丁）省略

若甲爲乙

故丙爲丁

第二種 小前提省略體

若甲爲乙則丙爲丁

（若甲爲乙）省略

故丙爲丁

第三種　斷案省略體

若甲爲乙則丙爲丁

若甲爲乙

（故丙爲丁）省略

（三）　選擇三段法之省略體

第一種　大前提省略體

（甲爲乙耶丙耶）省略

甲非乙

故甲爲丙

第二種　小前提省略體

甲爲乙耶丙耶

（甲非乙）省略

故甲爲丙

第三種　斷案省略體

甲爲乙耶丙耶

甲非乙

（故甲爲丙）省略

（二）　省略體之補充　以立定三段法之省略體研究之。設兩命題中有一箇大名辭。一箇中名辭。與二箇小名辭。即知所省略者爲大前提。設兩命題中有一中名辭，一小名辭。與兩大名辭。即知所省略者爲小前提。設兩命題中有一大名辭一小名辭。與兩中名辭。即知所省略者爲斷案。例如「某爲愼重將事者」與「某爲老成人」兩命題。「某」爲小名辭。並在主部。「愼重將事者」與「老成人」各居其賓部。以三段法之秩序言之。「愼重將事者」在前命題。必爲中名辭。「老成人」在後命題。必爲大名辭。小名辭與中名辭合即成小前提。小名辭與大名辭合即成斷案。是所省略者。即大前提。亦即第一種之省略式也。此大前提中含有「愼重將事者」與「老成人」二名辭。析之則可成八箇命題如左。

（一）　凡愼重將事者爲老成人　（二）　或愼重將事者爲老成人

（三）　凡愼重將事者非老成人　（四）　或愼重將事者非老成人

（五）　凡老成人爲愼重將事者　（六）　或老成人爲愼重將事者

（七）　凡老成人非愼重將事者　（八）　或老成人非愼重將事者

此八者中取一爲大前提。皆能生結果。然（二）（五）（六）不合第三通則。（三）（四）（七）（八）不合第六通則。均爲不正當而可以排斥。惟用（一）命題補充爲大前提。即成第一格式AAA之正當完全論體。其餘第二第三種。以此例推。

（三）　省略體之正否　省略體。蓋省略三段法中之一命題而存之於思想者。若以前記之方法表而出之。爲完全形式。核之三段法各則無所背者。謂之正當省略體。

否者謂之不正當省略體。

乙　複合不完全論式(複式間接演繹法)

一　帶證體　欲使三段之前提意義明晰故附說理由以爲證據其一前提附說理由者謂之單一帶證體兩前提附說理由者謂之重複帶證體此蓋與後退體相當而省略前起三段法之一前提者也

(一)　帶證體之種類　凡三

第一種帶證體　蓋大前提附說理由者例如

乙爲丙何者以乙爲丁故……凡人貴有恆何者以人必久道而後成故

甲爲乙……我人也

故甲爲丙……故我貴有恆

第二種帶證體　蓋小前提附說理由者例如

丙爲戊……凡動物爲有機體

甲爲丙何者以甲爲乙故……珊瑚爲動物何者以珊瑚爲蟲類故
故甲爲戊………………故珊瑚爲有機體

第三種之帶證體　蓋大小兩前提各附理由者。例如

丙爲戊何者以丙爲丁故……動物爲有機體何者以動物能生長繁殖故
甲爲丙何者以甲爲乙故……珊瑚爲動物何者以珊瑚爲蟲類故
故甲爲戊………………故珊瑚爲有機體

(二)　帶證體之分解　其前提附帶一證(理由)者。可分爲二箇三段法。

第一種帶證體之分解　據原式可完成兩箇三段法。例如

乙爲丙　　甲爲乙　　∴甲爲丙　　(一)
乙爲丙　　(丁爲丙)　　乙爲丁　　(二)

此式中之(∴)爲故字符號下倣此

第二種帶證體之分解　據原式可完成兩箇三段法。例如

丙爲戊　甲爲丙　∴甲爲戊　(一)

甲爲丙　(乙爲丙)　∴甲爲乙　(二)

第三種帶證體之分解　據原式可分爲三箇三段法。例如

丙爲戊　甲爲丙　甲爲戊　(一)

丙爲戊　(丁爲戊)　丙爲丁　(二)

甲爲丙　(乙爲丙)　甲爲乙　(三)

凡動物爲有機體　凡珊瑚爲動物　故珊瑚爲有機體　(一)

凡動物爲有機體　凡生長繁殖者爲有機體　故動物爲生長繁殖者(二)

凡珊瑚爲動物　凡蟲類爲動物　故珊瑚爲蟲類　(三)

二　連鎖體　連鎖三箇或三箇以上之命題。而最後下一斷案。故又謂之積疊體。

(一)　連鎖體之正式　中名辭之位置。常有規律者。

(二)　立定連鎖體

其一　立定連鎖體之種類

亞里士多德之連鎖體　此以最初前提之賓辭。爲第二前提之主辭。復以第二前提之賓辭。爲第三前提之主辭。如是以次而進。終以最初前提之主辭爲斷案主辭。以最後前提之賓辭。爲斷案賓辭。其間各名辭之外延。則由小而及於大。故又謂之前進連鎖體。自西歷前四紀創行之。例如

甲爲乙……紳富熱心地方公益則私立學堂增多
乙爲丙……私立學堂增多則敎育普及
丙爲丁……敎育普及則民智大開
丁爲戊……民智大開則社會進化
故甲爲戊……故紳富熱心地方公益則社會進化

哥格蘭尼斯之連鎖體　此以最初前提之主辭。爲第二前提之賓辭。復以第二前提之主辭。爲第三前提之賓辭。如是以次而退。終以最後前提之主辭爲斷案之主

辭。以最初前提之賓辭爲斷案之賓辭。其間各名辭之外延。則由大而及於小。故又謂之後退連鎖體。自西歷十七世紀創行之律。以第一格式論體。其組織之順序。蓋較優於前者云。例如

丁爲戊……民智大開則社會進化
丙爲丁……教育普及則民智大開
乙爲丙……私立學堂增多則教育普及
甲爲乙……紳富熱心地方公益則私立學堂增多
故甲爲戊……故紳富熱心地方公益則社會進化

其二　立定連鎖體之分解

亞氏連鎖體之分解

甲爲乙……(第一小前提)
乙爲丙……(第一大前提)　前起三段法

論理學通義

∴（甲爲丙）……（第一斷案二小前提）
丙爲丁……（第二大前提）
∴（甲爲丁）……（第二斷案三小前提）
丁爲戊……（第三大前提）
∴（甲爲戊）……（第三斷案）

後繼前起三段法
後繼三段法

紳富熱心地方公益則私立學堂增多
私立學堂增多則教育普及
∴紳富熱心地方公益則教育普及
教育普及則民智大開
∴紳富熱心地方公益則民智大開
民智大開則社會進化
紳富熱心地方公益則社會進化

哥氏連鎖體之分解

丁爲戊……第一大前提
丙爲丁……第一小前提
∴(丙爲戊)……(第一斷案 第二大前提)
——前起三段法

乙爲丙……(第二小前提)
——後繼前起三段法

∴(乙爲戊)……(第二斷案 第三大前提)
甲爲乙……(第三小前提)
∴(甲爲戊)……(第三斷案)
——後繼三段法

民智大開則社會進化
教育普及則民智大開
∴(教育普及則社會進化)
私立學堂增多則教育普及

（私立學堂增多則社會進化）
紳富熱心地方公益則私立學堂增多
∴故紳富熱心地方公益則社會進化

此連鎖體有四箇前提。爲三箇略式三段法之聯結。若再加一箇前提。即爲四箇略式三段法之聯結矣。至兩連鎖體之差異。在於前起三段法之斷案。爲後繼三段法中小前提或大前提之不同。觀實例自見。

其三　立定連鎖體之特則

亞氏連鎖體之特則

第一特則　惟最後前提得爲否定命題　蓋前提有兩否定命題。則背第五通則。斷案必不正當。若否定命題不限於最後前提。則背第四通則。斷案之大名辭又有不當周延之誤。故最後前提可爲A與E。

第二特則　惟最初前提得爲特稱命題　蓋前提有兩特稱命題。則背第八通則。斷案必不正當。若特稱命題。不限於最初前提。則背第二通則。中名辭又有不周延之誤。故最初前提。可爲A與I。

哥氏連鎖體之特則　此以連鎖體之前提。與亞氏反對。故特則亦各不同。要其歸趣。則一而已矣。

第一特則　惟最初前提得爲否定命題　故最初前提不爲A。必爲E。

第二特則　惟最後前提得爲特稱命題　故最後前提。不爲A。必爲I。

（二）　假設連鎖體

其一　前進連鎖體　例如

若爲甲則爲乙
若爲乙則爲丙
若爲丙則爲丁
若爲丁則爲戊

∴若爲甲則爲戊

其二　後退連鎖體　例如

若爲丁則爲戊
若爲丙則爲丁
若爲乙則爲丙
若爲甲則爲乙
∴若爲甲則爲戊

其三　選擇連鎖體　例如

甲者乙耶抑非乙耶
非乙者丙耶抑非丙耶
非丙者丁耶抑戊耶
故甲者乙耶丙耶丁耶抑戊也

(二) 連鎖體之變式　中名辭之位置常有變動者

丁爲戊……中國人爲黃種
丙爲丁……江蘇人爲中國人
或丙爲甲……或江蘇人爲教育家
甲爲乙……教育家主張社會進化
故或甲爲乙……故或黃種主張社會進化

丙　複合完全論式　蓋連結四箇以上之命題而并成兩箇或兩箇以上之三段法者。故又謂之集合三段法。其一方爲前起(起後)三段法。他方爲後繼(承前)三段法。後繼三段法對於尤後繼者亦得爲前起三段法。惟必有一命題彼此共通。故前起三段法之斷案與後繼三段法之大前提或小前提互相聯絡。此其大較也。

一　前進體　一稱承前體。亦稱綜合體。又謂之後繼體。

前進體第一例

甲爲乙　乙爲丙　∴甲爲丙……（一）

甲爲丙　丙爲丁　∴甲爲丁……（二）

甲爲丁　丁爲戊　∴甲爲戊……（三）

松爲木　木爲植物　松爲植物……（一）

松爲植物　植物爲有機體　故松爲有機體……（二）

松爲有機體　有機體爲物質　故松爲物質……（三）

其（一）斷案即爲（二）小前提。（二）斷案即爲（三）小前提。若簡去（一）（二）斷案。則復爲前進連鎖體略式如左。

甲爲乙……松爲木
乙爲丙……木爲植物
丙爲丁……植物爲有機體
丁爲戊……有機體爲物質

∴(一)甲爲戊……故松爲物質

前進體第二例

甲爲戊　乙爲戊　∴甲爲乙……(一)

乙爲戊　丙爲戊　∴乙爲丙……(二)

丙爲戊　丁爲戊　∴丙爲丁……(三)

松爲物質　木爲物質　故松爲木……(一)

木爲物質　植物爲物質　故木爲植物……(二)

植物爲物質　有機體爲物質　故植物爲有機體……(三)

其(一)大前提即爲(二)小前提。(二)大前提即爲(三)小前提。此與第一例不同處。

二　後退體　一稱後進體亦稱解析體或謂之前起體又曰起後體

後退體第一例

丁爲戊　丙爲丁　∴丙爲戊……(一)

丙爲戊　乙爲丙　∴乙爲戊……（二）
乙爲戊　甲爲乙　∴甲爲戊……（三）

有機體爲物質　植物爲有機體　故植物爲物質……（一）
植物爲物質　木爲植物　故木爲物質……（二）
木爲物質　松爲木　故松爲物質……（三）

其（一）斷案即爲（二）大前提。（二）斷案即爲（三）大前提。若簡去（一）（二）斷案。則復爲後退連鎖體略式如左。

丁爲戊……有機體爲物質
丙爲丁……植物爲有機體
乙爲丙……木爲植物
甲爲乙……松爲木
∴甲爲戊……故松爲物質

後退體第二例

乙爲丙　甲爲乙　∴甲爲丙……（一）

丙爲丁　甲爲丙　∴甲爲丁……（二）

丁爲戊　甲爲丁　∴甲爲戊……（三）

木爲植物　松爲木　故松爲植物……（一）

植物爲有機體　松爲植物　故松爲有機體……（二）

有機體爲物質　松爲有機體　故松爲物質……（三）

其（一）斷案即爲（二）小前提。（二）斷案即爲（三）小前提。此與第一例不同處。

第九章　歸納法

第一節　歸納法之概論

甲　歸納法之常解　歸納法因已知而推及未知由特殊而進於普通然其常解要有數種。

一　枚舉法　以羅舉多數已知之特殊事實爲主義而有完全不完全之別

（一）完全枚舉法　一名完全歸納法蓋於前提中偏數已知之特殊事實括成全體至斷案則總爲全稱的必然的普通概念也例如

甲乙丙爲丁
甲乙丙爲戊
故凡戊爲丁

乙₁乙₂乙₃……乙ₙ爲丙
乙₁乙₂乙₃……乙ₙ爲甲
故凡甲爲丙

牛羊爲反芻動物
牛羊爲有角動物
故有角動物爲反芻動物

自日曜至土曜皆雨
自日曜至土曜爲星期一週
故凡星期一週皆雨

水星金星地球火星木星土星海王星天王星運行於太陽周圍之橢圓形軌道
水星金星地球火星木星土星海王星天王星爲已知之遊星
故凡已知之遊星皆運行於太陽周圍之橢圓形軌道

觀此則完全枚舉法之論式。其小前提主部必盡舉多數已知之事例。而小名辭不得不周延。即斷案亦不得不特稱。律以立定三段法之第三格。實犯小名辭越僭之謬誤。然苟小前提施單純轉位法。即可形成第一格論體。故並存之以示凡演此式者。

（二）不完全枚舉法　此即散亂推論之一種。亦稱不完全歸納法。又謂之歸納推理略式。蓋以多數之特殊事實不能充類盡舉。但就發見之一致點推爲全體之。

蓋然的斷定假如調查某校甲級生之記憶性但就已上課者觀察之（請假者不計）苟實見其記憶力强即可以之概定全級生此所以爲不完全歸納法也茲更舉例如左

第一例　此體創於中世之論理學者蓋以早概念之屬性未能完全枚舉但就數種觀察之知其亦爲丙之屬性故且省略小前提而斷定甲之爲丙者例如

乙一乙二乙三……乙四爲丙……牛羊山羊爲反芻動物

（乙一乙二乙三……乙四爲甲）……（牛羊山羊爲有角動物）

故凡甲爲丙……………故有角動物爲反芻動物

第二例　此體自近世英吉利大儒倍根及倭失勒兩人創之蓋以媒概念之屬性從實際上經驗後知其與大概念全相一致而遂將大前提省略者例如

乙一乙二乙三爲丙）……（牛羊爲反芻動物）

乙一乙二乙三爲甲……牛羊爲有角動物

故凡甲爲丙……故有角動物爲反芻動物

二　比論法　亦謂之比類推理蓋以此事物（現象）與彼事物（現象）間發見多數之類似點乃比而同之即將此方所下之斷案推類以斷定他方也茲舉完全不完全之兩種如左

（一）　不完全比論法　亦即不完全歸納法之一種

（二）　形式及實例

乙爲丙$_{一}$丙$_{二}$丙$_{三}$……丙$_{卯}$

甲（於丙$_{一}$丙$_{二}$丙$_{三}$諸點）似乙

故甲恐（蓋然性）爲丙$_{卯}$

地球有生物

火星（於「爲遊星」「有空氣」「有水陸」「有四季推遷」諸點）似地球

故火星恐有生物

（二） 特則

凡兩事物（現象）間有類似點則所成之命題對於一事物既眞對於他事物當亦無僞

（三） 條件 比論法爲蓋然的結果此蓋然之程度愈大則比論愈有効力

茲舉應注意之諸條件如左

其一 比較二事物（甲與乙）須有二三點（戊己庚辛）相類似若類似點愈多則差異點愈少而比論之結果愈大 例如乙有戊己庚辛四屬性甲以戊己庚諸點類似於乙設幷辛而有之則其結果爲丙比論必較易矣

其二 類似之諸點須爲必然屬性（條件）不可爲偶有者 若類似諸點爲偶有屬性則結果恐易致僞

其三 類似之諸點若有所疑則屬性或條件不立於因果關係 恐窮因測果俱有所誤故也

其四　疑問之屬性或條件假定爲辛則不可爲存於丙而不存於甲之結果。

其五　辛所不得併存之屬性或條件甲中不可有之　設有之則差異點愈多。類似點愈少。結果益難得矣。

其六　辛所不得存之事實甲中不可存之　此亦恐差異點太多。無由求得結果也。

其七　類似點不僅消極的幷可爲積極的

（四）根據　比論以雜多統一之原理爲根據故能以兩事物間所存之一類似點。豫想他類似點。而得其結果。

（五）價值　比論爲最簡單而最原始之推論得此則認識有所結局而歸納法有所發軔。蓋其價值如此。

（二）完全比論法　此即幾何學及數學論理法蓋亦完全歸納法之一種今以

數學證明之。如最初奇數爲一。與次奇數三相加。成四。$(1+3=4)$ 更加次奇數五。成九。$(1+3+5=3^2)$ 更加次奇數七。成十六。$(1+3+5+7=4^2)$ 更加次奇數九。成二十五。$(1+3+5+7+9=5^2)$ 即爲五自乘數。比而論之。凡奇數任加至若干次。則得數必爲若干次之自乘數。其代數式爲

$$1+\cdots\cdots+(2u-1)=u^2$$

$$1+\cdots\cdots(2u-1)+(2u\times 1)=2u+(2u+1)$$

$$u^2+(2u+1)=(u+1)^2$$

試更由一遞加至十一。共六次。其爲得數爲三十六。即六之自乘。由一遞加至十三。共七次。其得數爲四十九。即七之自乘。此規則蓋從實際之計算知之者。名曰數學的歸納法。完全比論法。亦與此同意。

三 常解之評論

(一) 枚舉之評論　其枚舉完全者。網羅世界之凡事凡物。總括之以資記憶。於

科學上不無價値。惟(一)非由已知而推及未知。(二)因所欲推出之事物。苟皆爲已知者。則斷定亦無所用。苟所應知者。不能盡舉實例。則此法槪有所難施。(三)失於不精確。如就一種三角形而枚舉其各角度。斷定爲三角形之內角總和等於二直角。此據三角形之定義。固合於普通眞理。但各種三角形。如等邊、二等邊、不等邊、及直角等。均置不問。則其所斷定之理由。是否齊同。尚無確證。是特幾何學之論理法已耳。又如見溫帶地方之甲瓜乙果。生成於四五六月間。遂斷定此甲瓜乙果。皆生成於夏季。設熱帶地方。冬季春季。亦能生成之。則論理之根據失矣。其枚舉不完全者。可於完全枚舉法不能施行時。承乏之用之。則研究之事物。除多數已知外。尚有少數未知。其推測自不容已。惟已知之多數事物。不用科學分解法。精密求其屬性。故皆不得謂之眞正歸納法。

(二) 比論法之評論　比論爲認識最後之用法。而根據於雜多統一之原理。依此原理。則宇內之萬有現象。各以秩序輻輳於一中心點。而不至爲混沌世界。故凡事凡物。因距離中心之遠近。至生親疏等差。其親者類似點較多。疏者類似點較少。比論法即以二事物（或事變）間所存之一類似點。豫想他類似點。爲蓋然的暗示。蓋推理之最簡單而最原始者。惟是非難決時。可以歸納演繹等法濟之。茲與枚舉法及歸納法比較如左。

（一）　比論法與枚舉法之比較　比論法之於歸納法。視枚舉法差爲接近。蓋枚舉法祇舉多數事例。比論法則注意於事例中屬性之類似點。較有分解精神。惟類似點有重要者。有非重要者。各因研究之目的而異。苟漫無區別。或漠然不見。或僅見類似之或點。而遽行推論。甚至徒眩類似點之多數。而輕下斷案。則謬誤將有所不免。此蓋缺科學的研究之方術。所以愈於枚舉法。而終不得爲眞正歸納法也。

（二）　比論法與歸納法之比較

其一　比論法與歸納法。皆以箇箇之經驗爲出立點。惟斷案則歸納法爲普通命題。而比論法爲特別命題。

其二　歸納法確立現象相互間之因果關係及理法若比論法則惟究事物間一定性質之有無而暗示其因果關係及理法而已

其三　歸納法發見現象之必然的關係而比論法則發見蓋然的關係

(三)　枚舉法與比論法之總評論　兩法之根據皆薄弱不過(一)爲資料整理之作用(二)爲他方法(如假說等)應用之豫備(三)爲眞理求得之端緒過此以往則施科學的分解爲眞正歸納法乃與演繹法相對立矣

乙　歸納法之正解　歸納法爲演繹法外一種獨立之推論茲就常解而進之以明其適當之意義

一　歸納法之定義　歸納法者研究特殊之事實觀察實驗專施科學的分解發見其普通確實之因果關係以爲斷定者也

二　歸納法之性質　歸納法如概念然兼有總括及省略作用務在經驗之特殊事實中遞爲假說徵驗發見普通之法則與定理蓋事實非經驗不能得正確之概念

經驗非普通。不能得絕對正確之歸納法。惟經驗增加之結果。概念須修正變更。即歸納法之普通理法。亦須修正變更。故其本質。相對的而非絕對。蓋然的而非確然的。此所以有不完全歸納法之稱也。

三　歸納法之形式　以經驗之甲乙丙等多數事例。列於主部而爲種。其賓部丁爲甲乙丙之同一屬性。且爲戊之必須屬性。故斷案能達於普通原理。而爲演繹法前提所應用。茲舉例如左。

甲乙丙……………爲丁

甲乙丙……………爲戊

故凡戊爲丁

人猿牛馬爲有脊動物

人猿牛馬爲哺乳動物

故凡哺乳動物爲有脊動物

四　歸納法之規則　從資料上立爲左之規則。

第一則　各事例之屬性當一致而爲必須者

第二則　構成前提之各事例須經驗而能承認者

第三則　斷案之主辭賓辭須以前提中同一種類爲內包關聯之規定

五　歸納法與演繹法之關係　歸納推論之結果。祇爲蓋然的。而不能爲確然的。學者多有否認其成立者。然求未知之新奇眞理。非歸納法不能發見。故演繹法外。別有推論特色。且歸納法由特殊事實而推及普通眞理。即成演繹法之前提。前提於事實上眞。則斷定於事實上亦眞。但其結果有擴張及應用之妙。故學者間有否認演繹法之成立。而附和之者卒寡。要之二者互爲從屬。以呈効力。其價値正未可輕於軒輊也。

第二節　歸納法之根據

歸納法研究特殊之事實。其能推及於普通斷定。而得眞正之智識者。以根據齊一律。

及因果律故也。

一 齊一律 一名自然齊一律亦稱天然同一律蓋世界之事物雖千差萬別不可名狀然其間實有一定之秩序與統一者存故特殊即爲普通之所由發見即一事物之生起、存在、變化亦必與他事物之生起、存在、變化相依循其性質固非全然箇別者如水之就下如雛之從卵發生如溫帶季候春夏秋冬之推移如空間星宿東西南北之羅列皆由同一原因馴至同一之結果同一結果出於同一之原因者

二 因果律 凡事物之生起有原因必有結果有結果必有原因惟因果關係必得之於經驗因果關係之定理必得之於經驗之全範圍故因果律之成立不出乎枚舉法而即思想原理中充足律之特殊形式也歸納法之根據尤以此爲主目的至其終局性質之如何則爲哲學問題若科學問題則當於哥納爾尼（エネルギー）氏保存說之方面研究之茲以原因結果之解釋人各不同故列正解如左

（一）原因與結果爲相對者 蓋原因與結果存則同時並存亡則同時俱亡相

對而自爲一物以其立於決定之地位則謂之原因立於被決定之地位則謂之結果。故原因之一切條件具備時即爲結果之成立如水素與酸素爲水之一切條件隨時化合即隨時形成爲水其一例也。原因之條件俱泯時即爲結果之消失如燈油絕則火滅又其一例也。世人不察徒執原因中之一二條件如播種也强以爲生苗之原因。不知生苗原因除播種外尚有多數條件如水分、土膏、溫度之類有一不具則結果無由成立所以原因實爲決定結果之一切條件茲論定衆說如下。

(一)　因果之先後　因果既相對爲一物則先起爲因後起爲果之說以嚴極論之猶未精密。其他以指彈絃彈止而絃仍動以石投涯投止而石常沈所謂原因雖止而結果有暫存或永存者亦祇就表面觀之實則絃之動即含彈之餘勢石之沈終帶投之餘力故其相對者自在也。

(二)　因果之回互　如「地方瘠苦」與「無教育」之關係雖爲因果回互亦猶相對之義云爾。

（三）　原因之複存　例如「雨降」「潮漲」或「人工灌溉」而致「土之濕潤」此不得謂之思想精密蓋「土田之濕潤」斷無三原因同時複存之事實故以抽象解結果即以抽象解原因仍相對而得「有同一結果則有同一原因」之本義

（四）　結果之混合（錯綜）　以此原因所得之結果與他原因所得之結果錯綜而別爲一結果例如「疾病」「衰老」及「氣候之變化」等原因相合而致死是也其混合之尤爲龐雜者研究更難明晰然科學的分解日趨於精安在其不能得相對關係之實在也

（二）　原因與結果爲不變不易者　例若「肺呼吸」與「血溫」之關係有同一原因即有同一結果有同一結果即有同一原因者是也其或如「汽車前進」因「時間及軌道之違誤」將「與來者衝突」至發警號以避之於事實上容有因果變易者然立論貴取其長偶爾之事要亦不足據也

（三）　哥納爾尼之保存說　蓋結果即原因之變形初非別爲一物當其現象或

變化行動時。謂勢力從此發生(如導火線之燃燒與火藥之爆烈)或消失者。(如濕氣與導火線之關係)皆非也。故物理學者。公認此說。僉以事物有一定之分量。不能有所加減云。

三 二律之關係 以原因及結果之解釋不同。故二律之說明及關係。遂滋異議。

其一 以廣義解齊一律者。謂因果律乃此律中之重要方面。以狹義解齊一律者。謂此僅因果律中之一方面。惟歸納法之必要根據。在「有同一原因則有同一結果。有同一結果則有同一原因」之點。此正與因果律中「因果關係不變不易」之說相一致。至因果律亦有多方面可施觀察。惟爲歸納法之根據。則直接上尤形必要爾。

其二 謂因果律存乎經驗以前者。故爲先天的法則。齊一律得諸經驗以後者。故爲後天的法則。要之。齊一律所示較因果律爲具體。因果律所示較齊一律爲抽象。二者均爲歸納法之根據。此固事實然也。

第三節　歸納法之方法

歸納法蓋以因果律齊一律爲根本原理而統一實際之經驗者。質言之則蒐集實驗之事變而發見因果關係之方法也。茲舉穆勒氏之歸納法五種如左。

一　契合法　此據多數事例中之共通（契合）點發見因果關係者其所用規則如左。

（一）　契合法之規則　據穆勒氏所定者下倣此。

凡研究之現象苟於二個或二個以上之事例中見有唯一之共通點即可以此爲該現象之原因或結果。

此規則有二義。其一、推得多數事例中唯一之共通點。爲現象之因果關係。其二、減去多數事例中箇別（差異）之特有點。以剩餘之唯一共通點。爲現象之因果關係。茲舉符號如左。

（二）　契合之符號　以甲爲研究現象。呷爲多數事例中之共通點。餘爲差異點。

其形式如左。

	前件	後件
(一)	呷叱呐……	甲乙丙
(二)	呷叱叮……	甲乙丁
(三)	呷咸吧……	甲戊己
(四)	故呷……	甲

右式。以第一義言之。甲爲研究現象。其所含之乙丙丁戊己等箇別屬性（點）中。有唯一之共通點。呷即與甲有因果關係者。以第二義言之。呐叮咸吧爲多數事例之箇別屬性。叱雖通於第一第二例。而第三例中無之。亦在箇別屬性之例。故悉數減去之。則剩餘之唯一共通點。非呷莫屬。即與甲有因果關係者。若夫呷之外復有他象隱匿於其後。而爲甲之主因。則呷特局於部分。不可謂之完因。或隱匿之他象爲甲之眞因。則呷且同於附屬。并不可謂之因。要皆非契合法所得而施矣。

（三）　契合法之實例

（一）　例如氷之泮釋。蠟鉛銀鐵之溶解。凡固形體液化之現象。皆以熱爲共通點是也。

（二）　例如結露現象。或在秋夜草木之葉際。或夏日盛氷之玻璃盂外側。或寒夜精舍中圍聚多人之玻璃窗內側。或吸氣鏡面與冷石及金屬體上。其共通點在結露之物體。必較四圍空氣之溫度爲低。故因果關係。可用契合法求之。

（四）　契合法之評論　契合法能求現象之因果關係。惟「結露」與「物體之冷」孰爲因。孰爲果。尚未精密藉定。結露爲果。安知物體之冷。非由於結露藉定結露爲因。安知此外必無別現象爲之主因。故此法接近於枚舉歸納法。相濟而得假說之資料。以云知識確實。猶有所難。所以穆勒氏復爲差異法以補助之。

二　差異法　此以一事例與他事例間所存之差異點。發見因果關係者。其所用規則如左。

(一)　差異法之規則

二事例中一爲現象所存一爲現象所不存除一切共通點外其唯一之差異點即爲該現象之或因或果或其因果之要部

此現象所存之事例即積極事例現象所不存之事例即消極事例兩者比較而得差異點以爲因果相求之法茲舉符號如左

(二)　差異法之符號

(一)　積極事例　呷吃哂叮……甲乙丙丁

(二)　消極事例　吃哂叮……乙丙丁

(三)　故呷……甲

右式呷甲爲比較所得之差異點乃第一例中所有而第二例中所無者設令第一例前件中減去呷現象則後件中之甲現象隨之消失蓋無因則果不能獨存故也又令第二例前件中加入呷現象則後件中之甲現象隨之發生何則、有因則果不能獨缺故也。此爲人功試驗法。凡物理學化學及各種實驗科學之原理。俱以此法得之。至人類所不能試驗之天然物。則用契合法以資觀察。

（三）差異法之實例

（一）如置鳥於排氣機中。排出空氣之後。其鳥即死。以驗空氣爲鳥類生活之所不可缺。

（二）如桶底敷泥積水。置蟲草上浮入於其中。以石投水。波起草動而蟲不驚。何則。無聲故也。設以玻璃片代泥。則投石後。波響交作。蟲必驚走。以驗下等動物之有聽覺。

（三）如同一搖鈴。在空氣中則其聲易聞。在眞空中則其聲難聞。是知空氣爲傳達聲音之一因。凡此皆無因則果不能獨存有因則果不能獨缺之徵也。

（四）差異法之評論　差異法爲穆勒氏之所深自贊美者。以其實驗於積極事例。均可發見因果關係也。惟實驗不由於科學的。而由於機械的。則所得之知識。猶難極度明確。如積極事例（契合法所得者）之前件。減去一要素。（呷）安知非他要素隨之變化。而使後件（甲）因以消失乎。又如消極事例之前件。加入一要素（呷）安知非他要素（呷呐叮）與爲協力。而使後件（甲）因以發生乎。故凡因果之變化而繼起者。究屬想像。所以穆勒氏復用二重類同法補助之。

三　契合差異併用法　一稱合法。蓋契合與差異二法相并而成者。從一方面觀之。既於積極事例中集有或契合點。又於消極事例中。集有或契合點。似將契合法重疊用之。故有二重類同法之稱。從他方觀之。此事例中存有現象。而彼事例中獨無現象。似與差異法相似。故有間接差異法之稱。要於積極事例之契合法。加以消極事例採取差異法之精神。爲彌縫缺陷之助。則此方法之性質也。其所用規則如左。

（一）契合差異併用法之規則

凡現象所在之數事例中有共通點。而現象所無之數事例中獨無之。則此共通點即爲該現象之或因或果或其因果之要部

（二）契合差異并用法之符號

積極事例
（一）呷吃呐……甲乙丙
（二）呷吃叮……甲乙丁
（三）呷哦吧……甲戊己

消極事例
（一）呐吧唉……丙己癸
（二）吒吃哦……壬乙戊
（三）啐吒唉……辛壬癸

右式。呷甲兩現象爲共通點。蓋前三例所同有而後三例所同無者。夫旣爲前三例所同有。則據甲以求呷因果之關係自確。至後三例中所具之吃呐叮哦吧皆與甲附列於前三例中者。徒以呷不存在。甲遂無相緣以起之機。故彼此參照。而因果之關係更確。且呷甲同無之例愈多。則裏面之證據愈强。蓋三例確以呷現象爲甲之因矣。藉令疑其因之非眞。或僅爲因之一部。則甲必更求於啐吒唉等諸現象中。迨久之終無所得。是以無呷必無甲之對比。益信有呷必有甲之實在。而因果之關係，倍確矣。

（三）契合差異併用法之實例

（一）某醫生治肺結核病。用鹽酸莫兒比涅注射之。則患者痊愈極速。若不用鹽酸莫兒比涅。則痊愈極遲。此以知鹽酸莫兒比涅注射。爲肺結核病速愈之一種原因。

（二）凡動物之呼吸器完全者。其血溫之程度必高。呼吸器不完全者。其血溫之程度必低。此以知呼吸器爲血溫之原因。

（四）契合差異併合法之評論　此法以積極事例與消極事例並用。可補契合及差異法之弱點。惟限於觀察可施之事實。故前揭之條件。以嚴格論之。實際上多有能言不能行者。

四　殘餘（剩餘）法　此法於一事例中。除去原因及結果之已知部分。而以剩餘者。發見因果之關係。其所用規則如左。

（一）殘餘法之規則

甲事物與乙事物間苟有先起後繼之關係則乙事物之諸現象中先以歸納法除去原因之已定者其殘餘之現象即爲甲事物殘餘現象之結果

（二）殘餘法之符號

（一）呷吃呐……甲乙丙

（二）吃……乙

（三）呐……丙

（四）故呷……甲

右式。吃爲乙之因呐爲丙之因。蓋本既往研究（歸納法）而爲已知者。今於呷吃呐中除去吃呐。於甲乙丙中除去乙丙。則殘餘之呷與甲。雖爲未知。然其有因果關係則斷可言矣。

（三）殘餘法之實例

（一）例如空室中置燈火與熾炭。其溫度昇至五度高。設除去燈火後。室內之溫度降下一度。則其餘四度。即知原因於熾炭。

（二）如甲乙丙三人出資之結果爲得利。乙與丙之出資及得利數。既以法求得之。從總資總利中除去。則殘餘之資利。即爲甲之因果關係。

（三）例如一七八一年。天文學者英人侯失勒維廉發見天王星。以已知之引力法則。測定其軌道。核與實際之運行不符。其不符之故。在影響於未經發見之他遊星。（剩餘之未明者）至一八四五（六）年。英人亞但史。（カダムス）法人力佛里亞。（ルヴュルリー）。同時測定他遊星之位置。遂以望遠鏡對此方向發見海王星。此則實例之尤重者也。其他化學之多數元素。俱可以此法求之。

（四）殘餘法之評論

此法能精密決定事物之分量。惟呷吃呐之結果。多有爲甲乙丙混成之X者。雖用此法。而甲之果否原因於呷。終不能明。要於形成假說而已故較差異法更覺其難欲求正確知識。當以可爲徵驗之他法繼之。

五　共變法　此於多數事件中。以一現象變化。則他現象隨之變化。而得兩現象間之因果關係者。其所用規則如左。

（一）共變法之規則

兩現象苟爲同等之變化。則此現象即爲他現象之原因或結果。

（二）共變法之符號

（一）　呷叱吶……甲乙丙

（二）　呷叱吶……甲乙丙

（三）　呷叱吶……甲乙丙

（四）　呷……甲

右式。呷之於叱吶。甲之於乙丙。皆相附而不能離者、然呷之量有所增減。甲之量即與爲相等之增減。則呷與甲之有因關係。斷可知矣。

（三）共變法之實例

例如摩擦多則物體之溫度增。摩擦少則物體之溫度減。故知摩擦多少。與物體溫度之增減有關係。

（四）共變法之評論　此法不論觀察實驗。能求差異等法所不能推知之因果關係。以爲數量之計算。故科學之崇尚精密者往往應用之。如十九世紀研究心理宗教等現象。以明「無學」與「犯罪多寡」之關係。其一例也。惟呷與甲祇爲相等變化。其結果猶可理想得之。若乙丙俱受影響。亦隨甲而生變化。則甲與乙丙間之關係。多有莫可究結者。是困難正與差異法同矣。

第四節　推理結論

推理之有演繹、歸納、比論各方面。前既詳言之矣。惟判斷之根本作用。有綜合及分析二法。綜合判斷即概念與一般原理之所由成。分析判斷即觀念與特殊事實之所由見。以推理言。歸納法主綜合方面。演繹法主分析方面。比論乃對於歸納法及演繹法而爲原始根本之思考作用故概念與一般原理爲思考活動之成果而統一雜多現象者判斷作用及推理作用則發見概念與一般原理而應用之具有分析及綜合兩方面者要之以分析爲經綜合爲緯而統一雜多之觀念與特殊事實此實思考作用中一以貫之之根本性質也茲例圖解如左

應用論理學

第三篇　方法論

第十章　原理發見法

第一節　原理發見法之概論

甲　通俗的知識　原理發見之起原。全在研究。研究之根據。全在知識。知識要於明確。而初步則自通俗始。茲詳述如左。

一　偶感的知識　蓋耳偶有所聞。目偶有所見。稍縱即逝。不若科學的知識。可以常存者。

二　箇別的知識　以直接經驗得之。特殊而不能普通者。

三　斷片的知識　其偶感及特殊之知識。部分與部分。間隔閡而無聯絡。紛雜而無秩序。故全體之旨趣。不能歸於一貫。

乙　科學的知識　論理思考。以眞理爲目的。故從通俗的知識中。多方研究。發見必然且普通之新眞理。即成科學的知識。茲詳述如左。

一　該括的知識　以已經驗之箇別事物。推及於性質相同之未經驗者。因得普通必然之關係。如水爲液體。研究後即能概括油與酒亦爲液體。以成概念及一般原理是也。

二　統系的知識　以該括而成之各概念。再該括爲種概念。復以種概念該括爲類概念。此爲系統的知識。其部分與部分間。關係密切。故減去一部分。則他部分之趣味。單獨而不能會悟。轉換一部分。則全體之秩序。破壞而不能貫通。蓋與斷片的知識異矣。

三　合理的知識　箇別知識。不經該括。則不足以成統系之一部。而流於空想獨斷。如生物界上。立一適者生存之理法。乃或架空立論。或據一二生物爲事實。貿然直下斷案。如是以求合理。詎能有當。惟就各種推究其全部。著爲論說。則統系知識始成。

自然合理而適用矣。

第二節　原理發見法之順序

甲　事實之蒐集　原理之發見須經數階級。此其初步也。列三方法如左。

一　事實蒐集之作用

(一)　彙類作用　彙類之適用。一在整理經驗之諸對象(事物)使之以類相從。如蒐集龜蛇蜥蜴鰐魚等動物。而表之爲爬蟲類是也。二在認識諸對象之狀態審定其爲何物。三在確知諸對象之屬性規定其相互關係。四在鑒別諸對象之類似點或一致之關係更爲比類推理。如洛氏欲發見太陽光界之新元素。先就既知之元素觀察之見有多數酸素成爲緊密之化合物。於是蒐集此等種類。遂以發見五箇金屬之存在。蓋彙類之効果有如此。

(二)　枚舉作用　凡二種

(一)　單純枚舉　舉同類之諸事實。觀察其外延上之關係。或限於一部。則結果可爲特稱斷定。或周於全體。則結果可爲全稱斷定。凡全稱斷定中主賓兩部。確爲諸事實之不變關係者。即可以經驗律稱之。

（二）統計枚舉　舉各種同類之諸事實。以算數統括之。爲相互比較之基礎。例如甲乙兩職業中各有精神病發見。欲知其感受較易之本原所在。必先統計彼此患者之總數。且平均之。以資比較。惟平均有用算術式者。以所加之箇數。除相加之總和。設得數六。即爲四、五、七、八之平均。例若甲乙丙丁四人。各出不同數之本金。合存銀行中。依單利計核一年所生之總利金。可以此法求得其平均數。如左。

	本金	利金
甲	四兩	四錢
乙	五兩	五錢
丙	七兩	七錢
丁	八兩	八錢

總數	二十四兩	二兩四錢
均數	六兩	六錢

且有用幾何式者。以相乘之總積。開得其所乘箇數之根。設爲六即係二、四、二十七之平均。例若甲乙丙三人各出不同數之本金。合存銀行中。依重利計核歷年所生之利金。可以此法求得其平均數。如左。

	本金	第一年利金	第二年利金
甲	二兩	一錢二分	一錢二分七釐二毫
乙	四兩	二錢四分	二錢五分四釐四毫
丙	二十七兩	一兩六錢二分	一兩七錢一分七釐二毫
總數	三十三兩	一兩九錢八分	二兩零九分八釐八毫
均數	一十一兩	六錢六分	六錢九分九釐六毫

至平均數之性質有三。一在分量難於確定時。取其最近實際者爲代表。一取兩極之

中間者爲代表。如冬至夜永。夏至晝長。惟春分秋分晝夜中平。可爲一日平均之時間。

一取各代表互爲比較。如參照北京與南京一年平均之溫度。以別其氣候之差是也。

二　事實蒐集之方法　凡三種

(一)　觀察　凡科學上之大發明。其端緒恆由於觀察。觀察非漠然感覺之謂。須就現存多數之事物中專究一現象而其他均所不顧。故有選擇及辨別兩作用。茲分觀察之方面如左。

(一)　他動觀察　蓋初無一定之目的。偶然爲事物所動而注意之者。

(二)　自動(能動或意識的)觀察　蓋專注於所研究之事物而求達其自覺之一目的者。茲區爲左之兩種。

其一　自然觀察　如觀察天體之運行。不能略藉人爲者是。

其二　人爲觀察　人爲觀察。不外實驗。如以水爲電氣作用。則藉人爲以分析水素酸素。而觀察水之成分是也。故實驗即爲觀察之一種。

(三) 觀察之限制　其一、現象有爲知覺所不及者。其二、長時日完成之現象。其重要條件。每於轉瞬間失之。凡此皆限制之較著者也。

(四) 觀察之主觀條件　此就觀察之心象言之。

其一　先事不可爲懸揣之斷。

其二　將事不可執先入之見。

其三　臨事不可狥偏私之意。

(五) 觀察之客觀條件　此就所觀察之物象言之。

其一　研究之事物須專精於其主要者。

其二　欲悉此事物之實際須與他事物相分離而後得之。　如物理學者之欲求眞空。須先排除空氣。精神科學之欲求精神現象。須先分離生理現象是也。

其三　對於所求之事物須用數學研究法決定其因果關係之分量。如結冰由於水之溫度降在華氏三十二度以下。不僅寒氣之結果使然也。

其四　積極事物須與消極事物相研究　如研究「甲爲乙」須以「若非甲則非乙」相互證則甲與乙之因果關係益表裏明澈矣

其五　觀察所不及之觀察（無觀察）　如物體振動之音響苟微而不能聞則假機械之力以聽之而人類感覺之一定限制於以抉破矣

（二）　實驗　觀察之延長即爲實驗實驗者以機械補觀察之所不逮就研究現象中拒斥其不重要之成分而專注於重要之成分使認識確實以成定理與法則者也

（一）　實驗之限制　以近世之知識程度言之除事物現象及精神物理現象之一部分實驗概有所難施此其所謂限制者也茲條列於左

其一　現象中之成分難以人爲變更者此類知識祇能得之於觀察而不能得之於實驗例如人類之精神是也

其二　實驗須爲諸種之設備故實行之綦難

其三　實驗之機會較少於觀察
其四　實驗須特殊之知識與熟練故人多不能實行之
（二）　實驗之主觀及客觀條件　與觀察條件同
（三）　實驗優於觀察之諸點　實驗與觀察各能獲得新知識且得舊說之眞者確證之而僞者破棄之然其優於觀察之點則要自有在
其一　觀察不便處須俟十年或五十年或百年之久遠實驗則隨時施行可於短時間得研究之結果
其二　同一事物幾次變化之可以得精密之知識
其三　變更事物之成分幾次反復之可以發見多數之新事實
（四）　觀察與實驗之區別　觀察祇因自然所知特殊事物之性質與其生起存在之關係不過爲蓋然性如天文學、氣象學、研究之類實驗則加以人爲能將所觀察者變更而擴張之益得因果關係之確實知識如物理化學者研究之類要其能

動之度增則近於實驗減則近於觀察初非離而爲二也

（五）觀察與實驗之方法　觀察實驗即實際現象上所行之科學分解法也故從一方觀之可以求得事實從他方觀之可以知假說之果否能用茲舉二法如左

其一　性質分解法　如有一假說於此其因果關係爲甲與乙惟果否確實可用尚難遽定故必分解其性質先以「甲爲乙」之積極事例研究之再以「甲非非乙」及「非甲則非乙」等消極事例研究之苟能證明甲之爲乙即能證明非甲之必爲非乙如是則乙之存否全由於甲之存否而甲與乙有絕對的不變不易之關係遂以確定是所謂否定決定法也眞正歸納法之成立實由於此

其二　分量決定法　此法蓋決定因果關係之分量者如因溫度關係而呈水蒸氣、湯水、冰等各現象究竟溫度之高下相差幾何而後爲氷爲水爲湯爲水蒸氣又如物體自高墜下速度以次增加其比率若何凡此須用工巧之器械精密調查始能得科學的智識而成定理與法則者也。

其三　性質分解法與分量決定法之關係　二者相濟而成完全之徵驗法。故歸納法兼用之。然後推理造乎其極。

（三）　證言　觀察與實驗均爲直接之經驗。至間接經驗。即證言是也。凡二種。

（一）　口說證言　以曾經觀察及實驗之人。親述其狀態於我。此即所謂口說證言也。茲舉條件以決其價値。

其一　證言者之觀察實驗須具主觀及客觀條件乃可聽從。

其二　證言者須語歸實際不爲一己之利害所游移乃可信用。

其三　多數證言者苟不期而語皆一致則智識愈形其正確。

其四　證言者須有直接經驗若傳述他人之經驗即所謂道聽途說。其價値極少。

（二）　筆述證言　蓋以觀察實驗之所得。記錄之而傳於人者。如書文是也。

其條件如左。

其一　眞僞之判別　例如古書有眞僞。識其僞者。則眞者自顯是也。

其二　異同之評論

其三　解釋之得當

乙　分類（區分）　因觀察、實驗、證言、而廣集正確之事實。總括其相類似者爲一羣。規定概念。之外延。而命以總名。既便記憶。且爲普通假說之準備。蓋與彙類法正相反對者也。

一　分類之順序

（一）　分析　分析事物之要素。而發見其類似點與差異點。此爲分類以前之第一步。

（二）　抽象　分析後、執持要素中之差異點。謂之抽象。凡分類之事實愈複雜。則分析與抽象愈困難，

（三）比較　比較者。以分析抽象之事實。或爲分離。或爲總括。或於總括時以甲乙丙爲一類。以乙丙丁爲一類也。故比較有辨別結合兩法。辨別法施於事物之異類。結合法施於事物之同類者。要皆不越乎五官所能區別之範圍。而有主觀的客觀的條件。其巧拙則胥視鍛鍊之精粗爲斷。迨比較定而分類乃可行矣。

二　分類之基礎　蓋立一標準。以別各肢（分類肢）之異同者。此標準即種概念中共通屬性之特異點。如以皮膚之色爲基礎而定黃人種、白人種、黑人種之分類。以地理之分布爲基礎。而定亞細亞人種、歐羅巴人種、亞美利加人種之分類是也。

三　分類之區別　分類因各人之目的與見解而異。如心理學與倫理學同一研究精神現象。而分類異者。以目的不同故也。

（一）自然分類與人爲分類　自然分類。一稱有形分類。蓋因事物自然之形質者。人爲分類。一稱無形分類。蓋因事物外部或偶有之屬性者。其方法雖便於實際應用。然不能表明正確之關係。故少科學價值。

（二）記載分類與發生分類　記載的分類。謂記錄事物之特色。而使之以類相從者。發生分類謂區別事物發生時之狀態。以明其現象變化之由來者。於科學價値亦少。

（三）論理分類　先從種概念之相互間。明其本質（內部）屬性之區別關係。次以本質屬性之特異點爲基礎。終乃除去特異點。將種概念之共通屬性。團聚而成全體。此論理的分類之特色也。不如是。例若「動物」「有脊」「哺乳」「陸生」「食肉動物」等分類。將錯雜而無秩序。且概念有大小之別。準此一基礎分類。固得大外延之概念。準他一基礎分類。益得小外延之概念。更以內部關係。使小概念之在最下位者。以次從屬最上位之大概念。則秩序井然之統態成。而外延即完全規定。例若國民分類。以性、則區爲男女。以齒、則區爲老者壯者幼者。以門閥、則區爲貴族士族平民。更括之爲「貴族之幼女」。或「士族之壯男」。是也。　論理分類。有二肢（兩歧）三肢多肢之別。二肢分類。要以屬性之有無爲基礎。乃判概念而二之。一爲積極者。一爲消極者。此法能

遞次區別而下。其分類都爲矛盾概念。例如

第一法……甲
- 乙……
  - 丙……
    - 丁……
      - 戊
      - 非戊
    - 非丁
  - 非丙
- 非乙

實例……物質
- 有機體
  - 動物……
    - 有脊
      - 哺乳
      - 非哺乳
    - 無脊
  - 非動物
- 無機體

第二法……甲
- 乙
- 非乙
  - 丙
  - 非丙
    - 丁
    - 非丁
      - 戊
      - 非戊

實例……物質
- 有機體
- 無機體
  - 金屬
  - 非金屬
    - 石類
    - 非石類

第三法……甲
- 乙
- 非乙
  - 丙……
    - 丁
    - 非丁
      - 戊
      - 非戊
  - 非丙

實例……物質
- 有機體
- 無機體
  - 金屬……
    - 黃金
    - 非黃金
      - 銀
      - 非銀
  - 非金屬

此法據下第三第四之二條件而成立者。用於事物之知識。尚未發達至極。或僅明其屬性之有無。或分類之界限。難於確立時。洵爲利便。惟分類肢半從消極規定。故排成統態後。猶有半未明確之缺點。要於整理知識上。則固開其端緒矣。

四　分類之要件　據上所述。其成因在類概念。與分類基礎。及分類肢之三要素。凡知識精密。則科學之進步以速。心理學之艱於發達者。由心理現象分類困難故也。

茲舉要件如左。

（一）全部之各肢須以共通屬性之差異點爲基礎。否則失分別之標準。

（二）須以唯一之基礎貫通多數階級之始終。若分類之基礎中途變更則陷於交錯分類而各肢之界限混淆如分人種爲蒙古人種亞美利加人種等類初以膚色爲標準後乃混於土著使人種概念之外延不能明確規定是也。

（三）各肢須相互拒斥。各肢應爲對位或離接關係犯之則亦陷於交錯分類。惟黃色人種與蒙古人種分類於本例無所抵觸此其所以異於第二例也。

（四）各肢之總和須適合於類概念。蓋類之外延當與分類肢之全數相符若犯之則非嫌過狹即患過廣不能將外延完全規定其例如「人倫爲父子君臣夫婦長幼」則失之過狹以缺朋友一門故也又如「中國外藩有蒙古西藏青海高麗」則失之過廣以其中日戰役後高麗已不爲我屬故也所以分類之正否當爲單純轉位以檢之。

（五）分類不宜全行斷絕　蓋各肢雖分界限然次第分類後終當接近故上位概念之對於下位概念也可求爲最近之類若犯之則彼此遂成大隙全外延不能盡行規定矣

五　分類之注意　其一、須以事物之自然關係爲基礎其二、發見新事物後須留可以加入分類中之餘地

六　命名　將分類所得之類概念命名以便記　要之、分類者由箇物而進於種由種而進於類以施總括與分繹之由類至種由種至箇物以施限定者不同

丙　假說（臆說）　據向所蒐集之事實分類而纂錄之此謂記載學若猶以爲未足而進求其因果關係則記載學可變爲說明學說明之第一步即爲假說假說以想像而生一種設想又謂之假定能補觀察實驗之所不及而開拓其既知之眞理凡科學上之絕大見解與一番革新必因此而發現然亦須傑出之天才與特殊之學識乃能爲之迨徵驗完全則假說遂成定理矣茲述假說之起源及條件如左

一　假說之起源

（一）由於事例之枚舉　枚舉多數之事例中。苟想像其或有定理者存。則假說即由此起。

（二）由於類似之觀察　用比論法後。推想其多數之類似點中。或寓有一箇定理。則多數之假說。或從此而起。

（三）由於確實之判斷　上二者皆由直接事實。此則施轉位法於確實之判斷。如「凡甲爲乙」之判斷。已確實矣。復單純轉位爲「凡乙爲甲」。在演繹法之一般規則中。雖未必合然事實上要自正當者。故假說亦緣茲以起。至其可爲定理與否。必俟徵驗而始決爾。

二　假說之條件

（一）假說須擇確實者。不可涉於空想。　假說果實雖與定理不相一致。亦難遽斷其非。以近世科學中已知之定理。未極明確者尚多故也。例如「死後登天國」。此出

於宗教家之空想若瑪志尼世界一週之前創爲「地體如球」之假說雖與「地平」之定理不相一致要其實際固自在也

(二)假說須擇重要者不可涉於煩瑣　凡新假說由必要之事件與既知之眞理推得者必其重要者也惟不涉於煩瑣則檢徵自易例如卡利列阿測定水從唧筒中噴出空際高祇三十二呎而止遂假說爲空氣之壓力使然迨吐黎失利繼之演繹卡利列阿之假說將抽去空氣之唧筒插入水內水即昇騰於其中因思水銀比重於水凡十四倍則昇高亦應得十四分之一因以水銀充入三十四吋之管倒立水銀盤中則水銀高至二十九吋以上自是遂有晴雨計之發明與夫空氣唧筒之作法及巴斯加（法人生十七世紀）承其後更思水柱及水銀柱上昇之原因既在受壓於空氣彼山頂空氣稀薄其壓力必小於山麓因攜水銀製成之晴雨計登至山頂則水銀柱較前降下乃知卡利列阿等新假說經實驗後非特發見未知之關係且能證明既知之事實其重要爲如何也

（三）假說須能獨立者　以其不藉他假說之補助而眞僞自見也。

（四）假說須能爲檢證者　凡不能檢證之假說。於科學研究上必少價值。故假定既認爲確實即可列入前提。經假設演繹推理後。其所斷定果與事實相一致。則假說遂成定理。如地球之自轉、公轉。始爲假說。迨檢證既實。遂成定理之類。否則廢棄或改變之。

（五）假說須據完全事實　此完全事實中。以選擇演繹推理法。否認其他。則其一即與實際之事實相一致。而得正當之結果。

（六）假說不可與定理相反。　定理謂從前之假說。證之事實。既已明確。而爲衆所承認者。故現在之假說。不可與之相反。然間亦有正當之時。則以定理外復經新現象之發見。或須加修正故也。

丁　檢證　檢證所以檢察假說之確否。故爲說明之第二步。其方法則隨假說之性質。與學者之才能而異。或加觀察與實驗而用穆勒氏之契合法、差異法、共變法、剩餘法、合法及論證中之諸形式。均無不可至結果則有三種。

一　蓋然性　蓋客觀之確實性未盡明晰者。凡歸納推理與比類推理之結果多如此。其進步即爲經驗律。

二　經驗律　蓋現象間有齊一的關係而確實者。凡科學之初。皆此等經驗之集合。若更加幾多研究。則因果之關係發見而定理生矣。

三　定理　因檢證而完全正確之假說中。發見一定之因果關係。即謂之定理。（其詳俟下）要之三者皆說明之有成功者也。否則謂之假說之拒斥。然所拒斥之假說。得因觀察實驗與推理而更爲他臆說。以成暗示。例如發見光之交叉光之屈折與二重折光等新事實。而光之放散說竟以打破波動說。即新起而爲定理。然無放散說之暗示在先。則波動說亦無由繼起。故假說與檢證成功則爲事實之說明不成功則爲新說明之暗示皆於科學研究上大有價值者也。

戊　定理　定理者。現象所生之一定方式也。定理有數種。如物質現象之定理。生物現象之定理。心理現象之定理。社會現象之定理皆是。其間更含物理律、化學律、植物律、理財律、倫理律各種。所謂科學者。蓋不外定理之集合而已。

第十一章　原理敘述法

第一節　定義

原理發見法。由事實之蒐集。經分類、假說、檢證、而求得定理。前既詳言之矣。原理敘述法。則以求得之定理。列成系統。以傳示於人。而開端必自解釋及定義始。

甲　定義之性質　概念有內包外延兩方面。舉概念所統攝諸對象之範圍。明確規定之。此謂外延的定義。即前所述之分類是也。舉概念所含蓄諸屬性之意義。精密規定之。此謂內包的定義。即今所論之定義是也。例如既知之行星。其外延爲水星、金星、地球、火星、土星、海王星、天王星。其內包爲回轉於太陽周圍之楕圓形軌道。故定義與分類。有表裏之別。

乙　定義之目的　定義者。所以使事物範圍內之屬性。常定、明瞭、分晰而確立其概。

念者也。惟宇間之諸現象。莫不互相關係。諸現象之屬性。又皆複雜而內蘊。非周知全體。則觀念不能明確。而無以判然於一事物。非深明一事物之屬性。則觀念仍不能明確。而無以灼然於一事物。故定義之目的。在規定一事物之屬性。而確立其概念。

丙　定義之効用　凡學問上之爭論。多由於用語之不明瞭。蓋言語本無形質可據。加以發言者之辭氣。聽言者之經驗聯想。與夫彼此之好尚、趣味、知識、境遇。在在各別。於此而求思想之精密傳達。要以定義爲標準。故論理學并一切科學皆用之。

丁　定義之種類

一　名目定義　如云「圓爲整齊之曲線」是。

二　實質定義　如云「圓爲各點與一點（圓心）等距之曲線」是。

三　發生定義　如「固定直線之一端。爲中心使周圍回轉之。其他端即成所描之曲線」云云是。上三種爲十八世紀間英人漢密耳圖所創者。

四　記述定義　如云「人爲直立而步行者。」其賓部但有種差而無類。祇成記事之體。故謂之記述定義。記述定義。以物所顯著之屬性。推類其餘。本自重要。惟因過去之經驗。而異其內容。故其事物知識。不能如論理定義之精密。

五　論理定義　蓋因立定命題而成。如「人爲合理動物」云云。以主辭所具之要素。屬性。表爲賓辭。俱有種差與類（本質或必須屬性）兩要件。故成主辭賓辭同一外延之判斷。蓋其特色如此。

戊　定義之要件　凡定義必先發見其類。而後以種差加之。如云「人爲合理動物」。動物爲類。合理爲種差。皆人之定義要件也。茲詳述如左。

一　定義之消極規定

（一）不可爲同意語的定義　如云「正路爲無偏無頗之道」。於概念之意義。無所開展。規定不過回環轉述而已。故又謂循環或復說定義。此弊在類之難於發見時。最易蹈之。

（二）不可爲否定的定義　如云「平行線爲不相交之線」。使概念之意義。失諸過泛。故忌用之。

（三）不可爲離接的定義　以其離接肢爲矛盾概念。何去何從。不能執一以表明之故也。

（四）不可用循環的定義　如以苦樂爲感情之定義。以感情爲苦樂之定義是。

（五）不可用比喩的定義　如云「人爲習慣之奴隸」「善爲精神界之光明。」此定義於眞理無所解釋。於實際亦少效果。故不能爲科學的定義。

二　定義之積極規定

（六）定義須適合　謂須適合於主概念之內包者。如「鳥爲以羽飛空者。」此定義失諸太過而不適合。因昆蟲亦爲以羽飛空者故也。如云「國家者有土地人民之大團體也。」此定義不加政治在內。失諸不及而亦不適合。故主辭與賓辭須爲完全一致之判斷。其眞僞則以能否單純轉位而定。

（七）定義須分明　如人之定義。設云「二足直立而步行之動物。」則與猿猴相混。如云「合理的動物。」便覺分明矣。

（八）定義須精密　其詮釋語不贅

（九）定義須簡該　如云「平行線爲同方向同距離之直線。」同方向三字。非必要之語。節去之則簡該而仍適當、分明、精密。故定義但舉類與種差足矣。

（十）定義須優美　文辭優美。則於傳達思想交換知識。尤爲有力。

由以上要件。舉類與種差（本質或必須屬性）分析之以斷定主概念。是爲分析的定義。舉類與種差綜合之以斷定主概念。是爲綜合的定義。綜合的定義或因舊名辭添加新意義。或造新名辭表明新概念。所謂學術語是也。凡學術語之多寡。於其國民學問之程度。殊有關係。

第二節　分釋

定義蓋確定類概念之內包。分釋。則。列舉。類概念所屬之種概念。而決定其外延也。

甲　分釋之要素

一　全部　此即被分釋之類概念。

二　節　此即類概念所含之種概念。

三　分釋基礎　此即分釋標準之屬性。例如三角形。或爲不等邊。或爲二等邊。或爲等邊。此分釋判斷中之三角形。即全部。不等邊三角形。二等邊三角形。及等邊三角形爲節。其線之長短。則舉以爲比較的標準者。即分釋基礎也。

乙　分釋之種類　應其節數而區分爲三類。

一　二分釋　以一概念分爲矛盾對當之兩概念。例如「人類者印度日耳曼人耶抑非印度日耳曼人耶」是也。此分釋蓋論理之最正確者。惟缺點在兩部之外延。相互拒斥。故一節極其曖昧。欲推測之。當用三分釋。

二　三分釋　以一概念三分之。例如「角者正耶銳耶鈍耶」是也。欲判斷此分釋之正否。當先變之爲二分釋。例如「角者正耶非正耶非正則銳耶鈍耶」是也。

三　多分釋　以分釋之各節。更分釋之。即爲多分釋。其類有二。

（一）從屬分釋　例如分「動物」爲「有脊」「無脊」更分「有脊」爲「哺乳」「爬蟲」「兩棲」即謂之從屬分釋亦稱狹義分釋

（二）對峙分釋　例若「三角形者爲正鋭鈍之一」或「三角形者爲不等邊二等邊三等邊之一」是也如欲以二箇以上之對峙分釋攝於同一系統之下必先以一箇分釋基礎分釋其概念更以他一箇分釋基礎分釋其各種此亦稱狹義分釋如以概念爲A則第一種差爲a b c第二種差爲α β γ是也

丙　分釋之規則

一　須先擇分釋基礎之屬性　基礎在一分釋中應限定一箇否則如三角形分爲正三角形二等邊三角形等邊三角形之類結果不能分明易以生誤至一分釋既終更以其種概念爲分釋他概念之基礎則毫無錯謬矣

二　全部與節之總和須同於其外延　蓋節之總和不及於全部則失諸狹過於全部則失諸廣故須同於其外延也

三　各節立於反對對當故須互相拒斥　如「書籍爲敎訓者耶爲有用者耶」云云。此兩肢非互相拒斥。故不可用。

四　須從關係之近者而漸及於遠者

五　須不至於箇物而止　以分釋之目的。在列舉種概念故也。

要之分釋與分解及排置不同。分解以概念之對象。析爲多數部分。而節與節之關係。不立於反對對當者。如析木爲枝葉根幹即其例也。至將所分釋之概念序列之以便證明。此之謂排置。其詳論主屬於修辭學。

第三節　論證

論證蓋適於推理而證明原有斷定（論題）之確實性。或蓋然性者。

甲　論證之性質　論證與一般推理異。一般推理。多以已明眞理之前提。推得斷案。此則前提之眞理。容有未明。故選擇推理之種類。幷發見前提。追溯前提。使原有斷定與現設斷定相證。求達於最後之歸結。此所謂結局原理也。結局原理之爲何物。屬於哲學問題。然不假定其爲存在。即論證不可得而成立。蓋其性質如此。

論證以前提正當爲第一要義。若現設斷定有不確實性與不可能性。即可與之辨難而爲駁論。如駁「甲爲乙」之不確實或不可能。而證明其「甲非乙」。或駁「甲非乙」之不確實或不可能。而證明其「甲非非乙」。皆是也。駁論有敵用之以攻我者。亦有我用之以攻敵者。其隨機變化之法。別詳於修辭學。凡前提中有駁論。則歸結時必爲矛盾或衝突之斷定。便成消極論證矣。

斷定之確實性。有直接即知者。有間接始知者。直接即知之確實性。因其含有概念內容之必然關係。故爲不能證明。不須證明之斷定。惟就其究竟處言之。則曰公理。就其實際上生起及生起必由之途處言之。凡數學、幾何學、及其他科學。要皆以此爲論證究竟之基礎者。則曰要件。此非特論理學而已。間接始知之確實性。謂斷定之須因推理而後證明者。就其必欲證明處言之。則曰論題。一稱提題。即可能證明之斷定也。就其實際解決處言之。則曰問題。

論證以一箇間接推理。或聯接多數間接推理而成。

其最後之斷案即爲論題其前提之各斷定俱有直接或間接而知之確實性分之則爲公理、(要件)定義、定說(即假說之已經證明者故爲說明基礎之原理原則)以及事實等諸名稱總之則曰理由或謂之論據論據即論證所依立之約制故必先容認之惟其妥當與否關於論證之價値所以選擇不可不審其在演繹的論證以普通命題爲大前提故論據必取諸公理(要件)定義定說而推理多本於立定假設選擇各三段法至歸納的論證則推理專本於立定三段法之第三格故論據惟取諸同類中之各事實比類的論證則推理專本於立定三段法之第二格故論據惟取諸各事實中共通點之類似關係如地球之於火星爲「空氣」「水陸」「四季推遷」等各事實之共通點而互有類似關係者是也此同類之各事實得諸目睹者謂之直接證據得諸他人之筆述口說(參照前證言)者謂之間接證據其他前進的論證則認識及實在之根據胥由論據出立如醫生治泄瀉病其脈案內若以寒因爲論據則病者之脈遲、舌白、腹鳴或膨爲認識根據泄瀉清水爲實在根據若以熱因爲論據則病者之脈速、舌黃、渴欲飲水。爲認識根據。泄瀉臭水。爲實在根據是也。惟後退的論證。其論據有取諸定義而爲必然性者。亦有不取諸定義而爲蓋然性者。由前之說。從被約制者（果）推求可爲約制（因）之論據。爰將組成論題之概念內容。分析之。立下定義。如「法律者保持社會之安甯秩序者也」之論題。（被約制者）其立證在「法律者規定箇人的權利義務於正當限制之下者也」之定義。（約制者）取而歸結之。爲「規定箇人的權利義務於正當限制之下者能保持社會之安甯秩序者也」之命題。則論題之必然關係。於是乎見。又如「勞動爲人類幸福之基礎」之論題。欲證明之。先分析「勞動」與「人類幸福之基礎」。爲主部下一定義曰「勞動爲有所希望之持久的善行」。更分析賓部。謂人類希望幸福。不可不爲善行。并不可不持久。因總括爲「有所希望之持久的善行爲人類幸福之基礎」云云。使論題之論證。得以完成。亦其一例也。由後之說。如以「此書爲我家遺失之藏書」之論題。爲約制者。凡藏書必有籤題、圖記、或手加之點句及附說等。今悉舉以爲立證。而演繹之。苟其籤題、圖記、點句、附說爲我家所有。則此立證之論據。即合於眞理事實。而歸納爲「此書爲我家之藏書」。蓋奈端之太陽太陰重力說。取潮之漲落大小。及他現象以立證。亦以此論證而成法則者。

乙　論證之種類

一　推理式論證

（一）演繹論證　蓋本於演繹推理之立定假設選擇三段法。以既知之普通眞理爲論據。以所設之論題爲歸納。而推演之以證明其妥當者。例如

聖人爲百世之師

孔子爲聖人

故孔子爲百世之師

其斷案爲論題。大前提爲論據。推得孔子爲聖人。則論證之妥當。不煩言而解矣。

（二）歸納論證　蓋本於歸納推理。以同類中之箇箇特殊事實爲論據。而推得兩前提賓部之普通概念。苟與斷案相符。即可信論題之合理者。例如

牛羊爲反芻動物
牛羊爲有角動物
故有角動物爲反芻動物

其斷案爲論題。牛羊爲論據。論據之普通概念。皆符斷案。故論題可信其合理。

（三）比類論證（比論） 蓋本於比類推理。以斷案中蓋然性之歸納爲論題。取類似關係之概念爲論據。而列舉箇箇特殊事實之類似點。類推之以證明其妥當者。例如

地球有生物
火星於「有空氣」「有水陸」「有四季推遷」諸點似地球
故火星恐有生物

其斷案爲所設論題。惟火星之有生物。無從確見。故取相類似之地球爲論據。列舉「空氣」「水陸」「四季推遷」諸點。兩相對比。以明其類似關係。則因地球上目擊之生

物。而火星中之生物。可比類而推知矣。

二　單式論證

（一）　直接論證　蓋論題之確實性。即以論據證明之。常含積極性質而不循迂道者。質言之、則直以命題爲論證而已。故亦稱正論的論證。

（二）　間接論證　其論據不能直接證明論題之確實。始含消極性質。別循迂道。取證於假定命題。或矛盾命題。迨無復合理。始知論題之確實。故亦稱逆論的論證或謂之反證的論證。

（三）　前進（向進）論證　以既知之諸原理。爲前提中論據。使證明論題。而成最後之歸結。質言之、則由或原理之條件。（論據即既知之諸前提）推及原理。更由原理而推及其結果也。此法蓋能使斷片知識。比較結合。該括於統態之中。故又稱綜合的論證。

（四）　後退（背進）論證　蓋以論題爲前提。追溯已知之諸原理。或諸事實。使論據開展而成諸原理或諸事實之歸結。質言之、則由結果而推及原理。更由原理而推及其條件也。此法蓋表示斷案之根本於何種前提。前提之依存於何種理由。能使斷片知識中。見出必然眞理。故亦謂之分析的論證。

三　複式論證

（一）第一直接前進論證　蓋欲證斷案中「甲爲乙」之論題。故前提從其條件而論及之。演繹法之第一式。最適於此種論證。例如「丙爲乙、甲爲丙、故甲爲乙、」是也。茲復從前起推論式之前提。漸次歸結。至於後繼推論式之斷案。以明前進之義。而示最後歸結之論題所在。

前起式
- 民智大開則社會進化
- 教育普及則民智大開

後繼式
- 教育普及則社會進化
- 私立學堂增多則教育普及

……論據

私立學堂增多則社會進化……論題

（二）第二直接前進論證　蓋假定大前提中之「甲爲乙」爲眞理。漸次推得多數之結果。此多數之結果。苟與各事實及一般原理不相衝突。即以證「甲爲乙」之確實者。茲舉例如左。

私立學堂增多則社會進化……論題

前起式　私立學堂增多則教育普及
　　　　教育普及則社會進化

後繼式　教育普及則民智大開
　　　　民智大開則社會進化

……論據

（三）第一直接後退論理　蓋欲證斷案中「甲爲乙」論題之原理。故先次第檢察其條件。設各條件均與事實及他原理相合。即以知「甲爲乙」之確實。此法從後繼推論式。回溯前起推論式。能得必然的歸結。例如論題爲「松爲物質」。夫松何以爲物質。以「松爲木」故從此以漸分析推得「木爲植物」「植物爲有機體」「有機體爲物質」各條件均與事實及他原理相合。故益知「松爲物質」之確實。

（四）第二直接後退論證　蓋以第一前提爲論題。從此遞相分解至歸結後。苟與既知之眞理或事實相合。即以證論題之確實。此法能得蓋然的結果。故假說用之以立證其他數學問題之解釋。亦往往採而行之。

（五）第一間接前進論證　蓋欲證「甲爲乙」論題之確實。故特具二箇矛盾斷定之離接肢。其結果苟與既知之多數眞理及事實相衝突。則甲之不可不爲乙。益顯其眞。如「甲比乙同一耶不同一耶」之論證。必先證明不同一之不合於理。然後知甲與乙實爲同一。以實例言之。如「等邊三角形爲等角耶爲不等角耶」此論題之合理。全在等角。設以直角三角形立證。雖內角之和亦得一百八十度。然其結果因各角不相等而不能得等邊。則等角之合理。且相形而見矣。

（六）第二間接前進論證　此蓋適用於選擇三段法。以論題列入完備離接肢之中而悉數之。然後因各肢之僞。證明論題之眞。故亦稱排斥的論證。例如「甲圓於乙圓大耶小耶抑相等耶。」苟證明其不大不小。則甲圓之於乙圓相等。因而確實矣。

（七）第二間接後退論證　如以「甲爲乙」爲不合理。而追溯其條件。設此條件與既知之眞理及事實相反。即可定甲之不可不爲乙是也。

（八）第二間接後退論證　以或事實爲起點。假定「甲爲乙」之爲僞。設推演後竟與此事實不相容。即可證「甲爲乙」之爲眞。

丙　論證之規則

第一　概念及斷定須具始終不變之意義　若前提犯之。則其論據必曖昧不明。若斷案犯之。則有論域變更之失。

第二　論據須取已經證明之斷定　無論直接間接。均爲公衆所容認者。

第三　與論題同義之斷定不可使潛在前提中

第四　論據須能爲反對矛盾者　蓋兩面兼顧。則既能攻敵。且能備敵之攻我矣。

第五　論證之範圍（論域）不可有所變更　因論證之目的不能達而至於全離論點。或張大狹小其範圍。均之有失。

第四節　謬論

甲　謬論之意義　謬論者。思想與言論。不合論理學上一切之理法者也。其無意爲之。以致他人指摘者。謂之詖辭。其有意爲之以便攻擊他人者。謂之詭辯。二者不誤於形式。即誤於資料。而要皆原因於多義及豫定之兩端。茲詳述如下。

乙　謬論之種類　凡四

一　名辭之謬

（一）名辭虛僞之謬　蓋由於事實之複雜。而未經涉歷者。此則所謂豫定之誤也。

（二）名辭曖昧之謬　其曖昧皆因名辭之多義。

（一）結合之謬　蓋取同一觀念中之箇別意義。而結合於最後之斷案者。如「有機體」爲一名辭。或指動物及植物言之。或指社會言之意義固自箇別。然以之結合於推論中。則其誤立見。茲舉例如左。

有機體爲動物及植物
社會爲有機體
故社會爲動物及植物……（謬論）

三與七爲奇數
三與七爲十
故十爲奇數……（謬論）

（二）分離之謬　蓋取同一概念中之結合意義。而分離於最後之斷案者。

例如

凡獸類非能飛者

蝙蝠爲獸類
故蝙蝠非能飛者⋯⋯（謬論）

（三）比喻之謬　凡比喻皆依稀彷彿之辭。必不能得主語之確實性。故易以致誤。

（四）偶然（偶有性）之謬

其一　以一般之意義。偶用於特殊事實者。例如

凡鳥能飛
此鴕鳥爲鳥
故此鴕鳥能飛⋯⋯（謬論）

其二　以特殊之意義。偶用於一般事實者。例如

鯨爲獸類
鯨能棲息水中者

故棲息水中者爲獸類……（謬論）

其三　以特殊之意義偶用於特殊事實者。例如

毒藥不可嘗
川附子爲毒藥
故川附子不可嘗……（謬論）

（三）　名辭區分之謬　其最易犯者。爲十字區分。如列舉「中國人」「蒙古人」「黃色種」「政治家」「愛國者」等而彼此相交叉是也。

（四）　名辭定義之謬　參照本條。

二　命題之謬

（一）虛僞之謬　如「蛇爲魚類」「地球爲扁平者」之類。

（二）曖昧之謬

（一）　構造不完之謬　如「動物能生長繁殖」云云。此命題即犯構造不完

之謬。以其無「隨意運動」之屬性。致與植物相曖昧故也。

（二）意義抑揚之謬　蓋因語氣之高下。記號之參差。而抑揚所斷定者之一部意義。至使全部意義皆動搖不定者。例如「此爲寡君之貴介弟」「彼乃方城外之縣尹」是也。

（三）臆斷之謬

（一）前提之臆斷

其一　徑行先決之謬　此以論題爲根本難題。或以事實之眞否須待證明於論題。而皆在前提中遽行決定者。如亞里士多德謂「野蠻人爲希臘人之奴隸」彼蓋以野蠻人之智力劣於希臘人爲論據。竟將貴賤階級之差別決定於前提中。即其例也。又如「金錢多則國富」云云。此乃結果而非原因。若以之列入前提。則其爲眞爲否。須俟論題意義之究明。然後確實無疑。是因認識之根據。定實在之根據。故皆不免於徑行先決之謬。

其二　豫求先決之謬　例如工場勞動時間之一定法案。因不便於自由契約。主人與傭人。乃私先討論其正否。任意豫定時間之多寡。以備臨時論決。是也。要之。徑行先決爲以盾禦矛之策。豫求先決。爲以矛禦盾之策。因其眞僞不明。均須取證於斷案。所以爲謬。

其三　循環論證之謬　蓋前提與斷案。雖相互取證。而轉輾不能得眞理者。如孟子陳臻云「前日之不受是。則今日之受非。今日之受是。則前日之不受非」是也。此惟豫求先決之特殊事實。可以用之。

其四　複問之謬　蓋質問之似簡單而實複雜者。(一)爲徑行先決之疑問體。例如問於酒徒曰。「汝今日禁酒矣乎」。此蓋複合「汝曩日飲酒乎」及「汝今日止酒乎」兩問題而成者。設答者辭以飲酒。則與禁酒相犯。或辭以今日禁酒。則曩日之不禁酒。已露言外。又與今日禁酒相犯。故詭辯家往往以之攻敵。幸敵之不能以眞理抵制我也。(二)爲選擇的質問。例如問於縱火者。旣曰「汝爲怨恨抑爲盜竊而縱火乎」。

又曰。「汝今一人獨居乎抑多人同住乎」。此則裁判官審囚時恆用之。

（二）　斷案之臆斷　蓋斷案中之判斷不從前提及確固之理由來者。

其一　論點變更之謬　蓋因正當之論據難於成立至半途忽變更其理由。遂將所欲論證之論題猝然變更之或全脫論域或失諸過狹過廣者。例如「彼爲盜人」之論題。因其證據全無。乃以「彼爲享用不知來歷的錢財之匪類」云云代之爲立證。則盜人遂變爲鼠竊狗偷之徒。此即論域之全脫者也。又如「彼爲道德家」云云。此論題若徒據「彼之行爲日常不離乎法律」爲立證。則於論域失諸過狹。又如「彼爲博學者」云云。此論題若竟以「彼於書無所不讀」爲立證。則於論域又過廣矣。

其二　論旨假託之謬　蓋欲蔽立論之弱點。故多所假託。以示論旨之適當者。（一）爲對人的立證。如假對者之性格、地位、主義。或悅其意而使之贊成。或迎其意而使之默從。或反其意而使之噤語。以伸我論旨是也。（二）爲對衆的立論。如假輿論及輿情以利用我論據者是也。（三）爲揣摩常識之立論。如以日月東出西沒爲論據而主張我之天動說是也。（四）爲揣摩崇敬心之立論。如對於佛教徒則援引佛語。對於耶穌教徒。則援引耶穌教語。不顧立論之要旨。但取聖哲格言。經籍成語。以深其信仰之心是也。（五）欺罔無識之立論。如以難於置辯之事理欺罔之。使相顧而莫知所措是也。要之、後一種於非理爲正理。前四種雖非盡出於不正。而實皆爲論理上之謬論。

三　演繹法形式之謬

（一）直接演繹法形式之謬　謂不合直接演繹之一切法則者。如背於對當法之規則。或施限量轉位時。竟施單純轉位。或不可轉位時。漫行轉位等。皆屬此類。惟前提不周延之名辭。若周延於斷案中。則最爲根本形式之誤。其他附加法之誤。否則不由形式而由資料。可於本條內考之。茲不贅述。

（二）間接演繹法形式之謬　謂不合間接演繹之一切形式者。就中以四名辭及中名辭不周延。并名辭僭越之謬。最爲重要。次之則否定與特稱二前提。亦屬此類。惟四名辭之誤。須兼從名辭之意義或資料觀之。乃能決定爾。

四　歸納法之謬　自單純觀察。至獲取絕對眞理。其間一切謬誤。約分數類。

（一）枚舉法之謬　以枚舉之各事物。不求因果關係。而遽信其爲眞理。則謬即從此而生。

（二）比論法之謬　如有外部純金、內部輭鐵之一物於此。取全部純金之一物比較之。若不施科學的分解。精察其內部。而遽以外部之比類點。信其爲眞。則謬即從此而起。故亦稱似是而非之比論。其他譬喻之謬。亦屬此類。

（三）假說之謬　謂背於假說之一切規則者。詳考本條自明。

（四）性質分解法及分量決定法之謬　此二法。蓋由觀察及實驗之所得而組織之者。若材料不精密。因果之關係不易知。則最爲致誤。惟實驗由於觀察。故特分不觀察及僞觀察之二謬如左。

（一）不觀察之謬　（一）將觀察及實驗之事例。注意一部。而漠視他部。或注意其積極處。而漠視其消極處者。（二）將觀察及實驗之條件。徒爲皮相而不求其眞相者。如某人一飯至十餘碗。但據碗之數目。而不審碗之大小。即其例也。

（三）僞觀察之謬　如幻覺與錯覺。及其他不注意之結果。常有此種謬誤。

（五）穆勒諸方法之謬

（一）以原因中條件之一部爲全原因者　凡一種結果。必因多數條件。相合而始成。若徒舉其著明而易於研究者。以爲結果胥視乎此。則誤謬遂緣是以生。如「吳殺伍員而亡」及「越用范蠡而興」云云。即其一例。蓋「殺伍員」「用范蠡」祇爲「吳興」「越亡」中條件之一部。而非其全原因故也。

（二）以一原因所結果之一部爲全結果者　如「遇盜」之後。「損失衣服數襲」。遂以爲全結果所在。是即此種謬誤之一例。

（三）以同一原因之連合結果爲原因結果者　如以「寒暑表之水銀降下」爲原因。以「河水之結冰」爲結果。即屬此種謬誤。蓋二者同一原因於「氣候之寒冷」故也。

（四）以遠隔之條件爲原因者　如甲爲乙之原因。乙爲丙之原因。丙爲丁之原因。其對於結果要皆必然而不變者。若以甲爲丁之原因。則其所得結果。恆爲乙而不爲丁。是即此種謬誤也。

（五）原因與結果之倒置者　如以「禁酒」爲原因。而以「謹愼」爲結果之類。

（六）以同時並存之現象爲原因結果者　如同時並存之多數現象中。此一者與彼數者。因果之關係。或有或無。尚未明晰。而遽以爲原因結果。此亦誤謬之一端也。

（七）以先後並存之現象爲因果關係者　如先有「幼兒展玩圖畫」。既而「圖畫損壞」。遂以此爲原因結果者。是亦此種謬誤之一例。

今附舉古時有名之雙肢詭辯爲左。

第一例　或人告病者曰。「子若命運當死。則醫師延請亦死。不延請亦死。子若命運當生。則醫師延請亦愈。不延請亦愈。惟子之命運。不出乎死與生之兩途。則醫師之延請與否。果有關於子之死耶生耶」云云。此蓋以延請醫師爲無益者。惟其局於命運之一方面。故不免於謬論。

第二例　有母勸其子曰「汝愼勿出世。蓋汝若爲正直之言。則人將憎汝。汝若爲不正直之言。則神將憎汝。故汝之言。或正直或不正直。必有所取憎」子對曰「我若爲正直之言。則神必愛我。我若爲不正直之言。則人將愛我。故我之言。或正直或不正直。必有所見愛。我所以不可不出世」此亦豫定一方面。愛憎之謬論。其實必至愛憎交至。無一能免者。

論理學通義終

宣統元年三月出版

論理學通義全一册
定價銀陸角

編輯者　崇明林可培
校訂者　金匱顧倬
印刷者　中國圖書公司　上海小南門外陸家浜
發行者　中國圖書公司
總發行所　中國圖書公司　上海北市棋盤街元字九十九號　電話二千九百九十九號
分發行所　中國圖書公司　北京琉璃廠土地祠內　漢口黃陂街

中學及師範用書

新譯幾何學教科書 曾鈞譯 平面八角 立體六角
歷史教科本朝史 沈恩膏編 四角
本朝史參考書 沈恩膏編 六角
中國商業史 陳家錕編 四角五分
中國工業史 陳家錕編 四角五分
植物教科書 吳家煦編 一元二角
法制理財教科政治學 楊廷棟編 四角五分
法制理財教科法律學 楊廷棟編 五角
法制理財教科經濟學 楊廷棟編 五角
中等無機化學教科書 任允編 一元五角
音樂教科樂理概論 沈彭年編 四角
體操教科兵式教練 徐傅霖編 五角
簡易地理教本 沈祖綿編 三角
簡易理化課本 吳傳紱編 三角
簡易理化教授參考書 吳傳紱編 三角
最新算術教科書 石承宣編 七角
教育學 秦毓鈞編 二角五分

心理學 楊保恆編 三角
教育史 章以黼編 二角五分
小學各科教授法 顧倬編 三角
簡明單級教授法 顧倬編 二角
簡明實用教育學 吳馨編 三角
簡明小學校管理法 華振編 二角
軍國民讀本 林萬里 黃展雲編 全三冊五角
文法會通甲編 劉金第編 一冊八角
論理學通義 林可培編
最新論理學綱要 過耀庚編
中學國文示範 繆文功 蔡國璜編 一冊四角
國文趣 繆文功 繆文光編 全一冊三角